MELANCHOLIA

표지 그림 황혜정

치유하는
예술

How to share sadness

Contents

VOL.3

치유하는 예술

Art as a Therapy

한밤의 빈 책상 위에서 일기를 쓰다 보면 엇나가고 싶을 때가 있다. 내가 진술하고 있는 내 모습은 정말 나의 모습일까. 아무도 볼 수 없는 글, 누구에게도 허락받지 않을 글을 쓰면서도 어쩔 수 없음을 느낀다. 나는 어쩔 수 없이 나이고 또 어쩔 수 없이 나일 수밖에 없는 모습을 쓰고 있다. 울화가 오르고 악에 받치면 판타지로 빠지고 싶은 유혹에 빠진다. 진실이라고 여겨지는 문장에 속수무책으로 마침표를 찍고 난 후, 잠깐의 미뭇거림 사이에 예술이 시작된다.

예술은 카오스에서 코스모스로 향한다. 이야기를 쓰는 작가들은 가능한 가장 어려운 고난의 상황을 설정한다. 주인공은 고민하고 절망하고 화내고 목소리를 높이고 좌로 우로 향하다가 극단의 고통을 당한다. 작가는 작품이 바라는 대로 인물을 놓아주면서 무언가를 남긴다. 작품을 떠올리기 시작할 때는 이미 달라졌을지 모를 의미이거나 변화이다. 결말이 꼭 행복한 것만은 아니다. 심지어 이야기가 죽음으로 향한다 해도 작품은 계속 살아갈 이유를, 우리가 무언가 행동해야만 할 이유를 남긴다.

몇 년 전 프랑스의 아비뇽을 여행하다가 우연히 한 공연을 만났다. '레일라의 죽음'이라는 레바논 장례의식에 관한 공연이다. 무속인으로 보이는 여자는 이미 죽은 사람을 연기하는 남자에게 말을 걸고 노래를 불러주고 춤을 추게 하고 머리 위로 꽃을 뿌린다. 남자 혹은 시체는 여자에게 반응해 함께 움직이고 몸을 두드리고 어둠 속으로 떠난다. 이미 죽은 남자가 이제 다시 살 것처럼 몸을 일으키면 의식 속에서 죽은 자의 여행과 산 자의 삶이 동시에 축복된다.

나는 떨고, 움츠리고, 긴장하고, 횡설수설하고, 부연하고, 안절부절못하며 실수한다. 아침에 일어나서 가장 먼저 나를 부정하고 이에 낀 이물질처럼 나를 걷어낸다. 오후에는 거추장스러운 내 몸을 담 너머로 던져버리고 싶다. 저녁이 되면 죽은 듯이 다시 잠에 빠진다. 어제가 오늘이고 내일이 오늘인 반복되는 시간 속에서 그저 견디고 있을 뿐이다. 그러다가 문득 발견하게 되는 날이 있다. 내일은 아직 쓰이지 않았다는 사실. 페이지의 뒷장은 아직 비어있다는 것. 하얀 백지에 마주할 용기가 있다면 지금 여기가 눈앞에 떠오른다. 과거는 과거에 두고 미래는 미래에 둔다. 다시 글을 써나갈 때, 과거와 미래는 새롭게 해석될 수 있는 자유로 다가온다. 아마 나는 어제의 맥락에서 많이 벗어나지는 못한다. 어제의 문장을 잇는 오늘의 문장을 선택할 수 있는 권한이 있을 뿐이다.

우리의 삶이 혼란스러울 수밖에 없는 이유는 살아있는 동안 계속해서 새로운 문장을 써야 하기 때문이다. 다음 문장은 좋은 내용이든 나쁜 내용이든 이전의 문장을 배신할 수 있다. 그러니 차라리

'더 나은 실패를 하'기 위해 사는 쪽이 좋을지 모른다. '마망'이라는 조각으로 유명한 미술가 루이즈 부르주아에 대한 이야기를 들은 적이 있다. 한 화가가 그에게 말했다. "저는 아직도 제가 원하는 파란색을 찾지 못했어요. 아무리 조합해도 그 색이 나오지 않아요. 사람들은 저에게 미쳤다고 말해요." 그러자 루이즈 부르주아는 "결국 미술가는 자기만의 색을 찾기 위해 태어나는 것"이라고 답했다. 어쩌면 우리도 우리 자신만의 색을 찾기 위해 살아간다. 결국에는 만들어지지 않을 색인지도 모른다. 그럼에도 원하는 곳으로 향하는 일이 의미 있는 이유는 그 과정에서 발견하는 색들이 우리를 조화롭게 만들기 때문이다. 마음의 색을 향하기 위해선 어떻게 해야 할까. 그러니까 오늘 우리는 무엇을 해야 할까. 머뭇거림 사이에서 삶은 예술이 된다.

2020. 11. 10.

3호의 주제를 예술치료로 정하고 나서 일기를 쓰기 시작했다. 한동안 거북한 느낌이 들었다. 일기를 쓰면서 자주 떠올리는 것이 있다면 내가 잘하는 것이 별로 없다는 것이다. 심지어 누군가 이 글을 보면 어쩌나하며 수치심을 느낀다. 그런데 생각해보면 일기는 잘 쓸 필요가 전혀 없는 무엇이다. 카프카나 수전 손택이 아닌 이상에야 일기를 잘 쓰는 것이 애초에 가능한 일일까? 마구잡이로 솔직한 이야기를 쓰기 시작하면서 마음의 문을 두드렸다. 아무도 모르는 SNS 계정을 만들어 사진 일기를 올리고 각종 워크북을 섭렵했다. 한 가지를 끝낼 때마다 배 속 언저리에서 뿌듯한 마음이 올라왔다. 예술이 일기와 같다면 어떨까. 잘하려는 마음이 아니라 나의 마음을 확인하기 위한 도구, 나를 표현하기 위한 도구로서의 예술이라면.

약물을 통한 의학적 방식, 상담을 통한 심리치료에 거부감을 느낀다면 예술치료는 좋은 대안이 된다. 언어에 의존하지 않고 깊은 곳에 있는 자신을 만날 수 있기 때문이다. 자신에게 맞는 다양한 매체를 통한 소통은 상담치료의 효과를 높일 수 있다. 스스로 시도해 보는 것도 어렵지 않다. 생각보다 우리 일상 가까이에서 많은 정보를 접할 수 있다. 이번 호는 실제 예술을 통해 치료와 치유를 하고 있는 사람들의 이야기로 채웠다. 일부는 함께 작업했고 일부는 온전한 목소리를 담았다. 몇 가지 펜, 빈 노트, 색연필, 붓, 찰흙, 카메라와 같은 것들이 우리를 구할 수 있을까? 그럴 수도, 그렇지 않을 수도. 어느 쪽인지 아직은 모르겠지만 적어도 재미는 있다.Ⓜ

View.

당신의 풍경

체한 감정을 소화시키는 글쓰기

-함수민

Writing to Deal with "Emotional Illness"

'차에 치였으면 좋겠다.'

제가 힘들 때 가장 많이 했던 생각이에요. 생각은 생각 그 자체이지만, 뒤따르는 감정이 부정적이면 마음속에 자리 잡고 앉아 세력을 불리는 것 같아요. 다른 부정적인 감정을 양분 삼아 무럭무럭 자라서 결국에는 몸까지도 점령하는 거죠. 마치 병균과도 같이.

저는 간호사이자, 간호사였던 사람입니다. 첫 단어의 간호사는 간호사 면허 보유자라는 의미이고 두 번째 단어의 간호사는 일반적인 사람들의 인식 속에 담긴 병원에서 일하는 간호사라는 의미입니다. 퇴사의 이유는 아주 많았어요. 눈앞에서 괴로워하고 고통스러워하는 사람들을 보며 느끼는 무력감과 죄책감, 생명을 다룬다는 부담감과 서로에게 예민해질 수밖에 없는 환경, 간호사 외 타 직군과의 관계 등등. 모든 것은 역시 한 마디로 요약될 수 있겠어요.

'힘들어서'

'차에 치였으면 좋겠다.'는 문장은 저의 에세이 제목에 쓰이기도 했습니다. 〈차에 치였으면 좋겠다고 생각했다〉라는 제목으로요. 처음에 제목을 지을 때는 너무 공격적이고 극단적으로 보이지는 않을까 고민을 많이 했어요. 주변에 조언을 구하자 의외의 대답을 들었습니다. 일반 직장인이나 타 직군의 경우에도 차에 치였으면 좋겠다는 생각을 종종 한다고 말이죠.

사실 저는 처음부터 책을 만들기 위해 글을 쓴 것은 아니었어요. 이전부터 해오던 매주 가볍게 글을 쓰는 모임에서 긴 호흡으로 글을 써보자며 몇몇 분들과 함께 시간을 냈었죠. 퇴사한 지 6개월도 안 된 때라서 간호사 경험을 주제로 잡고

목차를 쓰는데 생각보다 너무 금방 써져서 놀랐던 기억이 나네요. 나 진짜 할 말 많았구나 싶었어요.

초고는 엄청 솔직하게 썼는데, 다시 꺼내어 보지는 못하고 있답니다. 날 힘들게 했던 상사에 대한 아주 많은 욕설, 환자나 지인들에 대한 가감 없는 개인정보, 오직 내 입장에서만 쓴 이야기까지 소위 센 내용이 너무 많아서요. 아마 책으로 만들겠다는 생각을 하지 않았을 때라서 가능했던 것 같아요. 지금은 그렇게 쓰길 잘했고 다행이라고도 생각해요. 쓰면서 정말 재미있었거든요. 뭐랄까, 고발하는 느낌이었다고 해야 할까요. 마음속 깊이 꼭꼭 눌러 두었던 미운 사람들에 대한 당시의 생각과 느낌들, 눈앞에서 고통스러워하고 죽어갔던 사람들에 대해 슬프고 힘들어도 표현하지 못하고 일해야 했던 죄책감과 미안함 그리고 나 자신으로 살지 못했던 시간들에 대해서요.

쓰는 것 자체가 재밌었던 것과 별개로 쓰면서 울기도 많이 울었어요. 아니, 저도 모르게 울고 있던 때가 많았어요. 가장 심하게 울었던 것은 저를 괴롭게 했던 사수의 이야기를 썼을 때예요. 퇴근하자마자 글을 쓰다가 새벽 3시쯤 되었을까. 갑자기 시작된 눈물은 거의 30분이 지나서야 멈췄어요. 단어 그대로 오열했어요. 그때 저는 이런 생각을 하면서 울었어요.

'나 왜 이렇게 불쌍해? 왜 이렇게 바보였어? 진짜 미련했다. 너무 불쌍하잖아. 내가 너무 불쌍해. 왜 그랬지? 왜 가만히 있었어? 미안해. 2016년, 2017년의 수민아 너무 미안해. 정말 많이 미안해.'

저도 제가 이런 생각을 하게 될 줄 몰랐어요. 왠

지 책에 나올 것만 같은 자신을 위로하는 정석 같은 느낌이잖아요. 그런데 저도 모르게 과거의 나 자신에게 미안하다고 하고 있더라고요. 한참을 울고 나니 엄청나게 후련했는데, 실제 2016년과 2017년의 저는 거의 울지 않았어요. 극도로 예민해서 주변 사람들에게 짜증을 낼 뿐이었고 주로 먹고 마시며 스트레스를 풀었으며 감정 표현도 다양하지 않았던 것 같아요. 당시 알게 된 친구 중 한 명이 예전의 저를 회상하며 해 준 말이 있어요. 제가 무언가 말하려다 말거나 주저할 때가 많았고, 보이지 않는 막이 저를 말하거나 행동하지 못하게 막고 있는 것 같았다고 했어요. 또 자주 가던 단골 바 사장님은 퇴사 후 1년 만에 본 저를 못 알아보시다 알아채곤 이렇게 웃을 수 있는 사람인지 몰랐다며 신기해하기도 하셨고요.

과거의 저는 제가 어땠는지 몰랐지만, 알게 되고 나서는 내가 왜 그랬을까 이유를 고민해 봤어요. 아마 극도의 부정적인 경험과 감정, 생각이 쌓여 독이 되었던 게 아니었을까 싶더라고요. 갈수록 표현은 제한되고 몸도 독에 갉아 먹히다 못해 주변 사람들에게도 피해를 줬을지도 모르겠어요. 결국은 온몸에 신체 질환을 주렁주렁 달고 퇴사했지만요.

지금의 제가 아쉬운 건 그때 어떤 방식으로든 표현했더라면 어땠을까 하는 거예요. 내 감정과 생각을 표현하지 못하니 더욱 삐뚤어지고 세상을 나쁘게만 보기도 했던 것 같아요. 물론 과거의 저는 표현이 필요하다는 생각조차 못 했고, 생각했더라도 어려웠을 것 같긴 해요. 굳이 주변 사람들을 위해 나를 바꿔야 하나며 짜증이 났을 것 같기도 하고요. 하지만 그로 인해 내가 더 아팠다고 생각하니 조금은 아쉽더라고요. 괜찮은 것 같다고, 건강하다고 하다가도 갑자기 암에 걸리기도 하는 게 사람의 몸이잖아요. 정신 건강도

마찬가지인 것 같아요. 어떤 기억을 떠올릴 때 아직도 화가 나고 힘이 든다면, 아직 마음에 독이 쌓여 있는 것인지도 모릅니다.

제가 지인들에게 자주 추천하는 말이 있어요. '글토'를 해보면 어떻겠냐고, 그러면 아주 개운하다고. '글토'는 제가 만든 말인데요. '글로 토한다'는 뜻이고, 주로 글토 해야지, 글토하자는 말로 많이 쓴답니다. 왜 그럴 때 있잖아요. 잔뜩 체해서 약을 먹어도 속이 너무 막히고 답답할 때, 마음먹고 한 번 토하면 언제 그랬냐는 듯 편해질 때요. 물론 맹신한 나머지 자꾸 토하기를 반복하면 이후에 위염이나 위궤양 같은 병이 찾아올 수 있어 병원에 가는 것을 추천해 드리지만요. 아직 취미를 찾지 못한, 알맞은 스트레스 해소법을 찾지 못한 분들에게 글토가 효과를 낼 수 있지 않을까 생각해요. 마구마구 토하면서 보다 객관적으로 사건을 바라볼 수 있게 되고, 나를 이해할 수 있게 되는 것 같거든요. 쓰면서 소화되는 감정으로 인한 편안함은 덤이고요.

글을 쓰기 전까지의 저는 타인을 원망하고 미워하기만 했어요. 마음에 대한 독도 조금씩 저한테 쌓이고 있었겠죠. 하지만 글을 쓰면서 나 자신에 대해 생각하게 됐고 위로해주는 시간을 가질 수 있었어요. 엉엉 울고 나니 후련해지고 편해지기도 했고요. 지금은 힘들었던 때에 대해서 웃으며 말할 수 있게 됐고 저의 삶에서 큰 영향을 미치는 기억도 아니게 됐어요. 게다가 오로지 쓰고 싶어서 썼던 글들이 차곡차곡 쌓이니 꽤 많은 분량이 되었고, 책으로 나오기까지 했지요. 작가라는 말을 들을 때마다 아직도 부끄럽지만, 기분이 정말 좋기도 합니다. 특정 주제에 대한 이야기를 몇 시간 이상 끊임없이 말하거나 생각할 수 있다면, 여러분도 책 한 권 만드실 수 있다는 뜻일 거예요. 모든 사람에게는 책 한 권 분량의 이야기가 있다는 말이 있어요. 스스로가 좋든 싫든

생생하게 기억나는 일들이 있을 거예요. 저는 그 걸 쓴 것뿐이고요.

만약 여유가 있다면 마음을 글로 써보시면 좋을 것 같아요. 글을 잘 쓰고 못 쓰는 등등의 생각보다 그냥 내 마음을 드러내는 것에 집중하면서.

아주 솔직하게 떠오르는 감정과 생각을 그대로요. 꼭 글이 아니더라도 건강한 자존감을 향해 가되 지레 겁먹고 포기하지 않으셨으면 합니다. 자신만의 방법을 통해 스스로를 좀 더 이해하고 사랑하게 되시길 바라요. 바로 저처럼요. Ⓜ

많은 신규 간호사가 그만두고 싶다고 말하지만 그만두지 않는다. 못한다. 신기하게도 나도 죽고는 싶었지만 그만둬야겠다는 생각은 하지 못했다. (······) 퇴사는 현실이었고, 퇴사 이후의 삶에는 돈이 필요했다. 스트레스를 오직 돈 쓰는 것으로 풀던 나에게 수중의 돈은 턱없이 부족한 액수였다. 19p

수면제? 일단 수면제를 어디서 구하지. 구한다고 해도 많은 양을 한꺼번에 먹는 것이 꽤나 큰일이었다. 어렵게 먹기까지 했는데 확실하게 죽지 못한다면 후폭풍이 거셀 것 같았다. 패스. 목을 매달거나 추락은 절대 못한다. 그럼 너무 아프고 괴롭게 죽잖아. 못 죽었다간 반불구의 몸으로 살아야 할 텐데 안 된다. 음, 불 지르는 건 살인이지, 자살은 아니고 이상한 약물 같은 것도 안 된다. 식도가 타는 걸 느껴가면서 고통 속에 죽을 수는 없어. 대체 어떻게 해야 잘 죽는 걸까. 30p

무엇이 나를 구해줄 수 있었을까. 지금 생각해도 여전히 모르겠지만 "그만해도 된다고, 그렇게 버티며 살

지 않아도 된다고." 누군가 한 마디만 해줬다면 어땠을까. 돌고 돌아 퇴사하기까지 걸린 시간과 축난 내 몸과 마음을 아낄 수 있지 않았을까. 59p

모든 사람의 모든 고통은 개별적인 것이라, 이해를 한다고 해도 100% 완전하게 이해할 수는 없다. 나와 그 사람은 다른 존재니까 이해하지 못하는 게 당연하다. 그렇다면 나는 어떻게 하는 게 최선일까? 고통이 개별적이라는 것을 인정만 하면 되는 것일까. 107p

나에게 동기를 부여하는 것은 내가 성장하고 있다는 믿음이다. 원하지 않는 지식이나 경험을 통한 성장이 아닌 내 삶의 목적에 알맞은 배움으로 인한 것. 어떤 경험이든 어딘가에 한 톨이라도 도움은 되겠지만 내게 더 중요한 것을 배우며 빠르게 성장하고 싶다. 내 삶의 목적은 크게 한 문장으로 정의할 수 있다. '내가 이 세상에 다녀감으로써 세상이 조금이라도 더 나아지는 것' 167p

〈차에 치였으면 좋겠다고 생각했다〉 중.

신규 간호사 솔직 에세이 〈차에 치였으면 좋겠다고 생각했다〉 저자. 퇴사를 고민하는 간호사를 위한 팟캐스트 〈시작은 간호사〉를 진행했다. 정신건강과 공공의 이익에 대한 주제, 반짝이는 아이디어에 관심이 많다.

일기로 그리는 마음

-홍초롱

A Journal To Express Your Mind

매일 쓰는 일기가 누군가를 낫게 할 수 있을까.
거울처럼 자신을 비추는 일기는 스스로에게 위로의 말을 건넬 수 있게 한다.
홍초롱 대표는 일기를 통해 자신의 마음을 그려 스스로에게 가장 정확한 위로를 건넸다.
치유하는 마음은 주변으로 퍼져나가 어플 '달별일기'로 만들어졌다.

(2019.5.9) 여보 나 좀 살려줘

더운 바람이 불기 시작하는 5월이었다. 한낮의 햇볕은 뜨거워지기 시작했고 구름은 진한 푸른빛을 냈다. 그 때의 나는 집에만 있었다. 그러다 가슴이 답답할 때나 봄바람의 온도를 느끼고 싶을 때 거실 창문을 열었다.

"꺄르륵"
"거기서 놀면 위험해!"

창문을 열어놓고 쇼파에 누워 있을 때면 집 앞 놀이터에서 노는 어린 아이들의 웃음소리와 부모님의 목소리가 귀에 닿았다. 그 소리를 누워서 듣고 있으면 숨이 가쁘게 쉬어졌고 눈에서는 내 의지와 상관없이 눈물이 흘러나왔다. 나는 두 손으로 얼굴을 포개어 귀를 막다가 마침내는 창문을 닫았다.

집 안에서의 그런 나를 보지 못했던 남편은 휴일 때마다 동네 산책을 하자며 나를 끌고 밖으로 나갔다. 남편과 나, 그리고 쵸파는 따뜻한 봄 햇살을 받으며 걸었다. 날씨가 좋으니 동네 사람들이 다 밖으로 나오는 계절이었다. 집 앞 공원 곳곳에는 텐트가 쳐져 있었다. 텐트 안에는 아이 엄마와 친구가 음식상을 펼쳐 놓고 음식을 먹으며 수다를 떨고 있었다. 아이들은 밖에서 킥보드를 타며 놀았다. 그러다 배가 고플 때면 신발도 벗지 않고 텐트 안으로 엉덩이만 걸터앉아서 엄마가 싸온 음식을 먹었다. 아이는 다시 밖으로 나가 친구들과 어울렸다. 한쪽에서는 이제 막 걸음마를 시작한 아이가 뒤뚱뒤뚱 아빠를 향해 걸었고 엄마는 아이가 넘어질까 두 손을 펼쳐 아이의 등을 받을 준비를 하는 모습이 보였다. 세상 모든 아이 있는 가족이 행복하다는 표정으로 밖으로 나와 있는 계절이었다. 오늘, 내일 황사가 심했으면 좋겠다 싶었다. 아니면 미세먼지가 심했으면 좋겠다 싶었다. 따뜻하고 아름다운 계절 5월에는 아무도 집 밖으로 나오지 않았으면 하고 기도했다.

남편이 출근하는 아침에는 눈을 뜨고 싶지 않았다. 최대한 늦게 일어나서 하루를 빨리 보내버리고 싶었다. 하지만 나는 8시만 되면 눈이 떠졌다. 눈이 떠지면 눈을 뜬 채로 하루 종일 침대에 누워만 있었다. 샤워를 하러 부스에 들어갈 때면 더 안 좋은 생각들이 떠올랐다.

'살고 싶지 않아.'

유산 이후 살고 싶지 않아졌다. 그때 당시 엄마는 내게 하루에 한 번씩 전화를 하셔서 "밥은 먹었니?", "밥은 먹었니?", 밥 먹었냐고만 묻는 전화를 하셨다. '우리 딸 제발……' 그런 마음의 전화였을까? 시간이 흐른 후 결국 참다 참다 곪아 터져 퇴근한 남편에게 매달려 울음을 토해냈다.

"여보…나 좀 살려줘."

말하면서 그동안 참았던 눈물들이 화산처럼 터져 나왔다. 어깨가 들썩이고 숨은 제대로 쉬어지지 않았다. 눈물과 콧물이 섞여 나오는 오열을 하며 남편 팔을 잡고 매달렸다.

"여보 나 살고 싶어…나 병원 데리고 가줘…."
"병원 가자. 괜찮아, 여보."

남편은 침착하게 나를 안고 떨리는 목소리로 말했다. 우리는 그날 밤 병원에 가기로 하고 서로를 안으며, 서로를 기대며, 서로를 의지하며 잠을 청했다. 나는 그렇게 그날 하루를 살아냈다.

우리는 끝내 병원을 가지 않았다. 이를 악물고 글을 읽고 쓰면서 버텨냈다. 매일 아침 글을 읽고 썼다. 조금씩 벗어나기 위해 혼자만의 싸움을 시작했다. 그리고 완벽히는 아니지만 늪에서 조금씩 벗어나기 시작했다.

어플 달별일기는 어떻게 만들게 됐나요?

어린 시절 아빠의 자리는 공허했고 엄마는 원치 않은 남편과의 헤어짐으로 늘 마음이 불안하셨어요. 그래서인지 저는 꿈이 엄마. 이거 하나였던 것 같아요. 어릴 적 결핍이 꿈이 된 케이스죠. 그래서 결혼 후 임신이 잘 되지 않았을 때 인생에서 가장 큰 좌절을 겪었던 것 같아요. 어릴 적부터 꽉 쥔 꿈이었기에 포기가 되지 않더라고요. 시험관 시술을 했을 때는 간절함 하나만으로 몸에 수많은 시술과 시술 성공을 위한 불필요한 장기를 제거하는 수술까지 진행했는데 그때 과도한 호르몬 투입들로 인해 심적으로 많이 힘들었어요. 결국은 참았던 감정들이 한 번에 폭발했어요. 이사 후에는 높은 곳만 보면 떨어지고 싶었어요. 살기 위해서 많은 양의 글을 읽고 썼어요. 혼자 새벽마다 글을 쓰면서 많이 울었어요. 글에서 보이는 내가 너무 불쌍하더라고요. 그런 과정 끝에 숨을 조금 돌릴 수 있게 됐어요. 그러면서 '사람들에게 마음의 위로를 줄 수 있는 걸 하면 좋겠다. 글로 마음의 숨을 쉬게 하게 해드리고 싶다'라고 생각했어요. 무작정 자료를 만들어서 어플 제작 회사를 찾아갔죠.

어플을 만들면서 어려운 점이 있었다면 무엇인가요?

하나의 정체성을 담은 어플을 만든다는 건 생각보다 어려운 작업인 것 같아요. 어떤 브랜드에 생명을 불어넣는 작업이잖아요. 운영하는 건 더 어려워요. 제 마음도 계속 컨트롤해야 하고 지루한 작업들도 많아요. 그래도 조급해하지 않고 천천히 쌓아나간다는 느낌으로 하고 있어요.

다른 일기 어플과 차별성을 구축하면서 고민이 많았을 것 같아요.

차별성은 아직도 진행형인 것 같아요. 현재는 저희 어플에 따뜻한 집밥 같은 글과 질문을 채우려고 노력하고 있어요. 조금이라도 온기를 느끼실 수 있게 좋은 글들 보면 수집하고 있죠.

어렸을 때부터 글을 많이 썼나요?

20살 때부터 힘들면 책에 집착을 많이 했어요. 책에서 답을 찾아서 일상생활에 적용하곤 했죠. 글을 일상적으로 쓰진 않았어요. 근래 힘든 일을 겪은 이후에 많이 쓰게 됐어요. 제가 왜 힘든지 몰랐거든요. 그래서 시험관 과정부터 시작해서 힘들었던 일들을 처음부터 끝까지 다 썼어요. 그러니까 보이더라고요. 내가 왜 힘들었는지. '아 내가 이래서 힘들었구나, 내가 불쌍했구나, 근데 남편을 사랑하고 가족들을 사랑하니까 내가 힘든 걸 다 참아냈구나'하고 보이지 않던 제가 보이기 시작했어요.

다른 활동이 아닌 일기여야 했던 이유가 있을까요?

저는 일기가 솔직한 내 마음을 볼 수 있는 도구라고 생각했어요. 우리나라가 집단주의 문화라는 걸 난임 때문에 처음 경험했어요. 남들이랑 조금이라도 다르거나 속도가 어긋나면 비정상으로 구분 짓는 문화 때문에 자주 힘들었어요. "너네 결혼 몇 년 차인데 아직 아이가 없어." 배려 없는 단순 호기심과 본인들 기준에서 비정상으로 구분 짓는 태도를 보이신 분들이 있어서 상처를 받을 적도 있었어요. 남과 다른 감정을 전혀 수용하지 않는 거죠. 그런 상황에서 남에게 휘둘리지 않으려면 내 마음을 솔직하게 들여다보는 게 필요하다고 생각했어요. 그래서 일기를 선택했어요.

일기는 어떤 방식으로 우리를 치유할 수 있을까요?

우리의 눈은 내가 아니라 타인을 향해 있잖아요. 그래서 내 안을 들여다보기보다 남들의 기대에 맞게, 남들의 인정을 바라며 살아가는 경우가 많아요. 일기의 치유는 내가 내 모습을 거울처럼 비추는 방식으로 일어나는 것 같아요. 내가 이런 생각을 하고 있었구나, 이렇게 힘들었구나 알게 되는 거죠. 그렇게 나 자신에게 말을 건네요. 힘들 때 보통 친한 친구에게 전화를 걸거나 가족에게 위안을 받잖아요. 가끔 상처가 될 때도 있을 거예요. 저 같은 경우는 "네 성격이 이래서 네가 그렇게 힘든 거다"라는 말을 듣고 도리어 아팠거든요. 힘들지 않았으면 하는 마음에서 한 말이겠지만요. 듣고 싶은 말을 해줄 사람을 찾아 나서느라 다치는 대신 스스로에게 스스로가 듣고 싶은 말을 일기로 해줄 수 있는 거죠.

단순히 혼자 일기를 쓰는 것만이 아니라 남편에게 보여주고 소통하신 게 특별해 보여요. 어떻게 보여주게 됐나요?

보여줘야 한다고 생각을 했어요. 이 사람이 나를 걱정하지만 여자의 몸 안에서 일어나는 과정이나 내가 겪은 불안장애를 이해할 수 있을까하는 생각이 컸어요. 그래서 제가 힘들었던 이유들을 소설처럼 굉장히 자세하게 표현했어요. 쓰면서 치유를 많이 받았지만 남편에게 프린트해서 보여주고 공감을 받기 시작했어요. 그전까지는 제가 표현을 안 했어요. 한집에 사는 사람인데 계속 부정적인 감정을 표현하면 이 사람이 자꾸 어두운 색깔로 변할 것 같은 거예요. 결국에는 곪아터졌는데 다행히도 그걸 잘 받아줬어요. 숨이 좀 트였어요. 저희 가족에게 그리고 딱 한 사람 제 배우자에게 공감 받을 수 있다면 살 수 있겠더라고요. 사람이 살아지더라고요.

가까운 사람에게 솔직한 마음을 공개한다는 건 어쩌면 부작용이 생길 수 있는 일인 것 같아요. 너무 날 것의 감정을 상대가 받아주지 않을 수도 있으니까요.

솔직한 마음에는 상대에 대한 비난의 글도 포함되어 있어요. 우리가 힘들 때 누군가 비난하면서 내 문제를 직시하지 않고 회피하려고 하잖아요. 너무 힘드니까. 제 일기도 그랬어요. 세상에 대한 원망, 서운함이 가득하고 날 선 글들이 많았거든요. 근데 그건 제 비밀 일기장에 썼어요. 남편과 공유했던 일기는 2차 원본이었는데 남을 비난하기보다 내가 나를 바라보고 문제를 해결해나가는 과정을 보여줬어요. 지금 내 마음이 어떻고, 이렇게 해결해나가고 있는데 당신이 이런 내 마음을 알아줬으면 좋겠다하는 글이 많았어요.

특별한 요령이 있을까요?

제가 힘든 마음을 오픈했을 때 모든 사람들에게 받아들여지지는 않았어요. 친정엄마도 불안을 이해 못 했어요. "네가 너무 예민한 성격이니까 그렇지", "무던하게 넘어가면 되지" 나를 위해서 해주는 말이 소통 부재로 이어졌고 답답한 기분이 들었어요. 가족한테 이해받는 게 힘든 건 자식에 대한 기대치가 너무 높기 때문이에요. 내가 행복했으면 좋겠고 내가 조금이라

도 좋은 삶을 살았으면 좋겠고. 그래서 저의 감정을 100% 이해시키려고 하면 서로 상처만 받더라고요. 어느 정도는 과제 분리가 필요해요. 나는 내가 할 수 있는 만큼 받아들이고 내 의견, 내 마음을 말하고 나면 엄마가 받아들이고 말고까지는 엄마의 과제인 거죠. 남편이랑도 서로 과제 분리를 하려고 노력해요. 남편의 과제가 있고 저의 과제가 있는데 서로 똑같이 항상 맞춰서 갈 수는 없다고 생각하고 남편의 인생 모든 걸 다 개입하려고 하지는 않아요. 그게 중요한 거 같아요.

소통 이후 어떤 변화가 있었나요?

남편과 이야기하는 시간이 많아지면서 서로 더 알아가게 되고 함께 성장한 것 같아요. 이제 타인의 눈치를 보고 타인의 기대에 맞추고 살아가기보다 우리 안을

들여다보게 됐어요. 어플 운영도 마찬가지인 것 같아요. 갑자기 다양한 것들에 도전해보게 되고 다양한 가치에 눈 뜨게 됐어요.

달별일기를 사용하는 분들에게 어떤 마음이 전해졌으면 하나요?

어플 이름을 '달별일기'로 지은 건 우리가 누군가에게 증명하기 위해 살고 있는 건 아닌가하는 생각에서였어요. 별은 그 자체가 증명이잖아요. 여러분들이 그 자체로 소중하고 귀한 사람이라는 메시지가 전달되면 좋겠어요. 솔직하게 내 감정을 풀어놔도 괜찮은 곳, 부정적인 감정을 풀어놔도 괜찮은 곳, 달처럼 돌고 도는 일상 속이지만 별처럼 빛남을 발견할 수 있는 곳이 되었으면 해요. Ⓜ

Interview

함께 피어나는 일

고유, 블루미

Things that Bloom All Together

먼저 말을 건넨 건 '고유'다. 인스타그램에서 '블루미'의 글과 그림을 보고 메시지를 보냈다. 이야기를 나누고 싶다고. 군자역의 어느 조용한 카페에서 둘은 처음 만났다. 서로의 결이 익숙해서 물음이 계속 이어졌다. 조심스럽고 다정하게 서로의 말과 말 사이를 서성이면서 이어진 이야기는 '문질 문질 문답집'이라는 책으로 묶여 나왔다. 함께하고 나서 블루미는 '피어나는 마음'과 '나는 당신에게 닿을수록 선명해진다'를, 고유는 '사랑에게, 사랑을 담아'를 썼다. 서로에게 나누는 따뜻한 말이 편지처럼 다른 이들에게도 가 닿는다.

처음 봤을 때 어땠나요?

고유　　처음 봤을 때부터 특별한 관계가 될 것 같다는 생각이 들었어요. 분위기 같은 게 나랑 잘 맞을 것 같다는 생각이요.

블루미　　저도 처음 봤을 때부터 뭔가 나랑 비슷하다는 느낌이 들었어요. 얘기를 해보고 나니까 사람을 편안하게 해주고 잘 들어주는 배려심이 느껴졌어요. 나오길 잘 했다 생각했죠.

만나기 전에 생각했던 이미지가 있었나요?

고유　　생각했던 이미지랑 똑같았어요. 인스타그램 피드나 디엠 대화가 다였으니까요. 그때그때 나눴던 표현들이나 느낌 같은 게 거의 비슷했어요. 블루미님이 땀을 뻘뻘 흘리면서 얌전하게 앉아 있었는데 그 모습을 보자마자 '아 블루미님이다' 생각이 들었어요. 신기했어요.

블루미　　저도 생각했던 거에서 크게 벗어나거나 하진 않았던 것 같아요.

서로의 글은 어떻게 생각했나요?

블루미　　계속 글을 주고 받으면서 소통을 했잖아요. 그러다보니 자연스럽게 비슷한 점도 다른 점도 눈에 보였어요. 일단 이분은 섬세하면서도 세심하게 글을 쓰시는 것 같아요. 저는 그림 그리듯이 글을 쓰거든요.

고유　　저는 처음 봤을 때 글이 시 같다고 느꼈어요. 그래서 계속 시를 쓰면 좋겠다고 어필했어요.

블루미　　그 어필 덕분에 신간 시집이 나왔습니다.

고유　　블루미님은 나이에 어울리지 않게 시적인 단어를 쓰시는 것 같아요. 저는 그 나이에 이런 글을 쓰지 못했던 것 같다는 생각을 많이 했어요. '피어나는 마음'에서 보면 글이 깊어요. 저는 일상적인 언어로 이야기한다면 블루미님은 깊은 곳에서 자신의 이야기를 여러 번 고친 느낌이에요. 확실히 달라요. 그래서 같이 글을 쓰자고, 대화 하자고 얘기 했던 거예요.

블루미　　저는 고유님 같은 글은 못 써요. 이분 글은 희망을 놓지 않아요. 자기랑 자기를 둘러싼 세상이랑 인간관계 모두 끝까지 애정을 놓지 않으려고 하는 게 보여서 감동하면서 읽었던 것 같아요.

각자 다른 어려움이 있는데 어떤 부분이 가장 공감이 됐나요?

고유　　사실 공감보다는 차이를 많이 느꼈어요. 블루미님은 깊은 우울을 갖고 있는 것 같아요. 또 거기서 비롯된 주관이라든가 고집이라든가 그런 게 느껴질 때가 있어요. 특유의 우울한 감성이 있는 것 같아요.

블루미　　맞는 말이에요. 저는 스스로에 대한 혐오나 연민의 감정이 너무 짙게, 오랜 시간 배어서 그냥 그게 제 일부가 된 것 같아요. 처음에는 그런 나를 마냥 외면하고만 싶었는데 이제 그러려니 하고 받아들이게 됐어요.

가장 힘든 때는 언제였나요?

블루미　　저는 조울, 양극성이 있어요. 처음 겪었던 건 중학교쯤이었어요. 우울이 너무 심해서 정신과에 갔어요. 처음에는 진단을 우울증으로 잘못 받았어요. 괜찮아지는 것 같아서 약도 끊고 고등학교에 들어갔는데 재발했어요. 그래서 병원에 입원을 하게 되고 고등학교도 그만뒀어요. 대학교에 들어가고 나서 제가 양

우리는 우리의 만남과 이야기들을 묶어 책을 만들 계획이다. 책의 제목과 표지 디자인에 대해 한참을 고민했지만, 역시 답은 바로 나오지 않았다. ―원래 이런 중요한 건 찰나의 순간에 나오는 법.― 의견도 나누고, 새로운 사실도 알고, 즐거움도 얻고, 때로는 가끔 명해지기도 하면서 얻는 평온함. 이래서 사람들이 대화가 중요하다고 하는 모양이다. 물론 엉덩이는 짓뭉개지는 것 같았지만, 겨우 두 번째 수다가 2년 만난 친구처럼 편안했다는 게 나에게는 더 크게 다가왔다. 〈문질문질 문답집〉, 35p, 고유

"저는 우울한 사람치고 못된 사람 못 봤어요, 자기한테 못돼서 그렇지." 못되지 않은 우리의 일상은 오늘도 안녕하다. 〈문질문질 문답집〉, 36p, 고유

그러고 보니 나를 살게 하는 것은 모두 '밖'에서 얻고, 나를 죽게 하는 것은 모두 내 '안'에서, '나' 자신에게서 찾았다. 어쩌면 내가 가진 우울한 감정의 본질은 이것인지도 모르겠다. 만약 나를 살게 하는 것들을 내 '안'에서 찾고, 나를 죽게 하는 것들을 내 '밖'에서 얻는다면, 그럼 나는 어떻게 변화할까? 지금보다 조금 더 괜찮은 인생을 살고 있지 않을까? 〈문질문질 문답집〉, 59p, 고유

극성이라는 걸 알게 됐어요. 지방에서 살다가 대학교를 다니려고 서울로 오게 되면서 병원도 바꾸게 됐거든요. 대학 입학하고 나서는 잘 지냈어요. 사람들 많이 만나고 여러 가지 활동들도 하고요. 그런데 그게 도화선이 될 줄은 몰랐죠. 가을—겨울로 지나가는 사이 에너지 수준이 확 떨어지면서 급격히 안 좋아졌거든요. 이때 피해망상을 처음 겪었어요. 세상 사람들이 다 제 욕을 하는 것 같았고 길에서도 학교에서도 덜덜 떨면서 숨어 다녔어요. 나중에는 그 망상이 너무 견고해진 나머지 내가 도청당하고 감시당하고 있다고 생각하고, 고속도로를 울면서 걷다가 경찰차에 태워져 오는 등의 일도 겪었죠. 결국 학기를 그만두고 입원을 해야 했어요.

그런 과정에서 글을 쓰게 된 건가요?

블루미 원래 문학소녀라던가 글을 좋아하고 많이 쓰는 타입은 아니었어요. 학생 때는 책에 큰 관심이 없었어요. 병동에서 퇴원하고 학교도 다시 복학하고 점점 안정을 찾아가면서 글을 쓰기 시작했죠. 그전까지는 제가 말을 잘 못했어요. 병원 갈 때도 의사 선생님에게 말로 설명을 못해서 핸드폰에 써서 보여줄 정도였거든요. 책은 독립출판을 만나게 되면서 관심을 가지게 된 것 같아요. 제가 사는 곳 주변에 책방이 있어요. 원래 있었는데 제가 몰랐던 거죠. 우연히 들어가서 책 한 권을 샀는데 너무 좋은 거예요. 그때 산 게 안리타 작가님 책이었어요. 그분을 좋아하게 되면서 그분이 하는 독립출판 수업도 듣고 책과 글에 대해서 알아가게 됐어요. 블루미 계정도 그때쯤 만들었어요. 문화센터나 책방이나 여기저기서 열리는 강연들을 쫓아다니면서 듣고, 용기를 가지고 글을 쓰고 그림을 그려 올리기 시작했어요.

고유님은 어떤가요? 언제 가장 힘들었나요?

고유 원래 좀 내향적인 사람이에요. 생활하면서 스트레스가 쌓여서 극대화 된 것 같아요. 직장을 그만두고 어떤 일을 거절하게 되면서 커진 것 같다는 생각을 해요. 지금 생각해보면 그렇게 큰 일이 아니었는데 심리적으로 힘든 것들이 많이 쌓여 있었던 것 같아요. 혼자 방에서 웅크려 누워 계속 울기만 하고요. 그런 증상들이 오래 유지가 되면서 말을 잘 못 알아듣는다거나 뭔가를 기억하지 못한다거나 하는 것들에 불안이 생겼어요. 전반적으로 우울증이 심화될 때 생기는 증상이었던 것 같아요. 뭔가 제 안에서 많이 쌓여 있었던 것 같고 정확한 건 아직도 잘 모르겠어요.

직장을 퇴사하고 한동안 쉬는 시기를 가지면서 글을 썼는데요. 그 기간 동안 어떻게 지냈나요?

고유 우울 증상 때문에 몇 개월 간 많이 힘들었던 거 같아요. 놓치는 것들에 대한 강박이 생기면서 그때부터 메모를 매일 하고 있어요. 일상에서 해야 할 일, 챙겨야 할 것들을 어딘가에 쓰기 시작하면서 글을 쓰게 됐어요. 그 시간동안 그게 하나의 치유 과정이 됐던 것 같고 책을 내면서 사람들과 소통할 수 있었어요. 쉬는 동안 힐링 할 수 있었던 것 같아요.

글쓰기가 긍정적인 영향을 주고 있구나 확신하게 된 경험이 있나요?

블루미　저는 필사노트랑 스크랩북을 사용하고 있어요. 특별한 내용은 없어요. '오늘은 초코케이크에 밀크티를 먹었다. 맛있다. 오늘의 행복.' 이런 거거든요. 친구가 집에 놀러왔을 때 남긴 메모라든지 영화 티켓을 붙여두기도 하고요. 우울할 때 이걸 꺼내서 펼쳐본 적이 있어요. 내가 그래도 살아가려고 이렇게 노력하고 있구나 하는 생각이 들어서 힘이 되더라고요. 처음 트위터를 할 때도 감정을 배출하는 통로였어요. 힘들다고 부모님한테 말할 수는 없고 친구들한테도 날 것 그대로 감정을 내보일 수는 없으니까요. 그래서 트위터에 온갖 말을 다 썼어요. 기록들을 모아서 '피어나는 마음' 책으로 내게 됐고요. 글을 쓰는 건 뱉어내는 과정이고 기록들이 모아지는 과정인 것 같아요. 그리고 그걸 보면서 이만큼 살았다, 기특해 하는 과정이고요.

고유님은 좋아지고 있구나 생각한 적이 언제인가요?

고유　저는 사람들로 하여금 뭔가 생각하게끔 하는 걸 동경하고 있는 것 같아요. 나 스스로만이 아니라 사람들과 닿게 되는 과정이 좋은 것 같아요. 그런 것들이 치유의 과정이 됐어요. 소소한 것들이 연결된다는 느낌이 좋아요. 그리고 글이 가지는 그 자체의 매력이 있는 것 같아요. 너무 좋은 문장을 만나면 날아갈 것 같이 기쁘고 소중하게 곱씹게 되고 내 나름대로 다듬어보는 과정들이요.

혼자만의 즐거움이 아니라 다른 세계와 연결되는 과정이기도 했나봐요.

블루미　그런 건 있어요. 제가 좋아하는 북토크를 통해서 다른 팬들과 같이 덕질을 하게 되는. 기본적으로 글 좋아하는 사람들 성향이 비슷한 것 같아요. 그렇게 소통하게 되는 인연들도 소중한 것 같아요.

고유　저도 블루미님 따라다니면서 북토크에 처음 가보고 그랬어요. 또 퍼블리셔스 테이블이라고 독립출판 행사에서 다른 작가님들이랑 함께 하기도 했고요. 가장 감사하고 감동적인 일은 가끔 받는 디엠 메시지인 것 같아요. 제 책을 읽고 공감했다는 이야기나, 어떻게 해야 할지 모르겠다며 용기내서 말을 걸어주시는 분들과의 소통이요. 어려움 속에서 저를 찾아줬다는 게 감사하고 어떤 원동력이 되는 것 같아요. 이런 문제들로 글을 쓰고 싶어 하는 분들이 많으시더라고요.

글을 써서 출판하기 전과 후의 차이가 있다면 어떤 게 있을까요?

고유　그동안에는 그냥 살아지는 거였다면, 지금은 살고 있는 느낌이 드는 것 같아요. 목표를 찾지 못해서, 좋아하는 길 찾지 못해서 좀 배회했던 것 같아요. 글을 쓰고 책을 내고 소통하게 되면서 이게 내가 좋아하는 일이었구나 알게 됐고, 뭔가를 또 추진하게 돼요. 그런 제 모습을 보면서 살아내고 있다는 생각이 많이 들어요. 그게 가장 큰 변화인 것 같아요.

블루미　저는 좀 더 뻔뻔해진 거 같아요. 처음에 제가 살아온 이야기를 그대로 책으로 펴낼까 했었거든요. 독립출판 수업을 들을 때 주변에 많이 물어봤어요. 만류하는 사람들이 많았어요. 그러다 보니까 포기 상태였어요. 처음에 '문질문질 문답집'을 고유님하고 같이 내는 게 아니었다면 영영 못 했을지도 몰라요. 한번 내고 나니까 용기가 좀 생겼고 '피어나는 마음'으로 저를 좀 더 내보이게 됐어요. 이제 그대로 나를 드러내도 괜찮지 않을까 하는 용기와 약간의 뻔뻔함이 생겼어요. 책 좋아하는 사람들부터 각양각색의 사람들을 만나게 됐는데 저 같은 사람들도 꽤 있더라고요. 힘을 많이 얻었죠.

책을 낼 때 가장 두려운 게 무엇이었나요?

블루미 쉽게 하기 힘든 이야기들이잖아요. 어른들이 책 내는 걸 만류하다 보니까 그게 맞지 않을까 생각이 들었어요. 책은 한 번 내면 회수를 할 수 없다고 하니 나중에 제 흠이 되진 않을까 생각도 들었어요. 지금은 훨씬 나아진 것 같아요.

사실 사람들은 나한테 크게 관심이 없죠.

블루미 맞아요. 그냥 내가 무서운 거예요. 내

가 나를 세상에 드러낸다는 걸요. 주변 사람들이 알게 되는 게 두렵기도 하지만 알아봤자 뭐.

필명으로만 활동하는 게 패널티로 작용하진 않나요?

블루미 크게 없었던 것 같아요. 모임 할 때 좀 불편했어요. 고유는 뭔가 이름 같잖아요. 근데 블루미님 블루미님 하면 뭔가 좀 어색하죠.

아무래도 정모하는 느낌이 드네요.

블루미 네. 그래서 제 이름을 잘 못 부르시는 거예요. 그럴 때 말고는 없어요.

더 이상 미련이 없는 깔끔한 사람으로 남고 싶지 않다. 구구절절한 말을 한가득 안고 있는 사람이 되고 싶다. 그 구구절절한 말을 한 글자 한 글자 쏟아내기 전에는 발바닥에 가시가 돋쳐서 눈을 못 감는 사람이 되고 싶다. 내일치만큼의 아쉬움은 항상 보유하고 있었으면 좋겠다. 〈문질문질 문답집〉, 141p, 블루미

요즘은 마음 놓고 허물어질 단 하나의 바다만 있어도 인생은 제법 살아 볼만하지 않을까 하고 생각한다. 그리고 어쩐지 그와 처음으로 만난 지금, 나는 그 바닷가를 찾은 것만 같은 기분이 든다. 아주 느리지만, 단단하고 따스한 바다가 일렁이는 해안가. 그 속에서 하나의 교차점으로 만난 우리. 끝없는 모래사장 속에서 보물 상자를 알아본 것만 같은 예감이 든다. 사실 그 상자에 뭐가 들었는지는 알 수도 없지만 자꾸만 반짝임이 내 눈가를 스친다. 호기심이 일어난다. 왠지 따스하고 포근한 햇빛이 쏟아져 내릴 것만 같다. 〈문질문질 문답집〉, 30p, 블루미

그리고 무엇보다 중요한 것은 스스로를 포기하지 않는 것. 휴식을 위한 멈춤은 괜찮지만 포기에 의한 멈춤만은 최대한 막을 것. 〈문질문질 문답집〉, 91p, 블루미

가족들의 반응은 어떤가요?

고유　저는 그다지 드러내려고 하지 않아서 엄마가 유일한 검수자예요. 약간 아쉬워하시죠. 읽기 편하긴 하지만 우울한 감성이 많으니까요. 요즘엔 좀 나아졌어요. 다른 성격의 글도 많이 쓰려고 노력하는 중이라서요. 엄마도 글 쓰는 걸 장려해주시는 것 같아요. 드라마 보시면 "너도 저런 것 좀 써 보라"는 둥 그런 지지자가 되신 것 같아요.

새 책이 하나씩 늘어나면 느낌이 어떤가요?

고유　무서워요. 물성이 있는 걸로 박제가 된다는 게요. 말 실수할까봐, 안 좋은 영향을 줄까봐 걱정되고 그러면서도 계속 쓰고 싶은 마음이 드는 것도 이상하고요.

앞으로는 어떤 글을 쓰고 싶나요?

고유　최근에는 사랑에 관한 글을 썼어요. 제 책들은 판형이 다 달라요. 항상 새로운 것들을 만들어 보고 싶어서 그래요. 앞으로도 계속 다른 스타일의 글들을 써보고 싶어요.

블루미　저는 책을 읽을수록 시인의 삶을 살고 싶다는 생각을 해요. 꼭 시를 써서 먹고 사는 걸 말하는 건 아니고요. 삶을 대하는 마음가짐이나 태도 같은 거요. 투명하고 맑게 살고 싶어요. 그리고 한 책에서 다른 책으로 넘어갈 때 계속해서 변화하는 지점이 있으면 좋겠어요. 사람들에게 어떻게 다가갈지는 잘 모르지만 계속 시도하고 있어요. Ⓜ

Interview

사랑이 꽃

박진

Love Is Like a Flower

동화로 다시 써 내려간 삶의 이야기.

어떤 계기로 동화를 쓰게 됐나요?

어릴 적부터 비밀 일기장에 속마음을 털어놓는 글들을 쓰면서 재미를 붙이곤 했어요. 대학을 갓 입학했을 때 가까운 친척의 죽음과 친구와의 이별이 한꺼번에 몰아닥치면서 한동안 깊은 우울에 잠겨 있었어요. 그때 더 이상 삶을 버텨야 할 이유를 찾지 못하고 매일 죽음에 대해 생각할 만큼 어두워져 있었어요. 어느 날은 제 자신에게 물었어요. '정말 죽은 싶은가'라고요. 그런데 마음 깊은 곳에서 이런 생각이 들더라고요. '정말 죽고 싶은 게 아니라 잘 살고 싶은데 그게 잘 안 되니 죽고 싶은 마음이 드는 것'이라고요. 저 자신에게 희망을 주고 싶었어요. 남은 삶을 긍정적으로 살아내고자 다짐하면서 동화를 쓰기 시작했어요. 어렵고 현학적인 말로는 글을 쓸 재주도 없고 솔직히 호흡이 긴 멋진 소설을 써 내려갈 힘도 없었어요. 진부한 플롯이고 유치한 내용이었지만 제가 꼭 듣고 싶은 말을 등장인물의 대화로 써 내려가면서 스스로를 다독이려고 동화를 선택했어요.

쓰는 과정에서 치유의 작용이 있었나요?

저는 '마음이 아파서 글을 쓴다'는 말에 깊이 공감해요. 상담치료기법 중에 이야기치료라는 게 있어요. 자신의 삶에서 일어나는 문제를 이야기로 이해하고 해석하면서 새로운 방법들을 발견하고 의미를 부여할 수 있도록 도움을 주는 방법인데요. 저는 삶에 대한 의미를 찾는 것이 언제나 중요한 이슈였어요. 또 이야기를 써 내려가면서 제 감정이 객관적 활자로 보여지는 일을 종이가 저에게 해주는 공감처럼 느꼈어요. 제가 쓴 글자들을 반복해서 읽어내려가는 것이 제 마음을 스스로 헤아리는 위로로 느껴지기도 했고요. 무엇보다 글을 쓰면서 내가 어떤 사람인지 잘 이해할 수 있게 되었고 제 글을 보면서 체증이 가시는 듯한 느낌도 많이 받았어요.

자신이 나아지고 있다는 사실을 직접적으로 느끼는 순간들도 있나요?

저는 가끔 기분을 조절하는 게 어렵고 억눌렀다 터져버리는 감정을 잘 조절하지 못 해 주변 사람들을 놀라게 하기도 하는데요. 제어가 안 되는 상황에서는 제가 나아지고 있다는 걸 느끼기는 솔직히 어려워요. 하지만 격동이 지나고 예전에 써 놓은 글들을 다시 꺼내 보면 제가 저의 가장 좋은 상담사가 돼요. '그때 느꼈던 이런 감정들은 너무 지나쳤구나. 아 이때는 오해하고 있었구나' 하면서 지난 글들을 꺼내 놓고 다시 객관적으로 감정을 비춰보고 마음을 살필 때 '아! 그래도 어제보다 오늘이 조금은 더 성숙해졌구나'하고 느껴요. 글이라는 매체가 제 마음 건강을 비춰주고 알려주는 역할을 하는 거죠.

〈사랑이 꽃〉 이야기를 통해 전하고 싶은 마음은 무엇이었나요?

모두에게 버림받았다고 느껴질 때도 혼자가 아니라는 것, 모든 고통에는 다 끝이 있다는 것, 전혀 사랑스럽지 않은 모습일지라도 나를 알아봐 주고 함께 머물러주는 진정한 친구가 있다는 것 그리고 나 자신의 보여지는 부분이 비록 추하게 변했을지라도 보이지 않는 곳에 있는 나의 존귀함은 결코 변함이 없다는 것. 그런 것들을 전하고 싶었어요.

가장 견디기 힘든 건 어떤 일이었나요?

주변 사람의 '죽음'이 가장 큰 영향을 끼쳤어요. 소설가이자 시인이셨던 외삼촌은 간암으로 돌아가셨고, 사랑하는 친척 동생이 먼저 떠나기도 했고요. 그때마다 일시적이지만 격렬한 반응들을 하게 되면서 기분조절에 어려움을 겪는 바람에 주변 사람들을 힘들게 했어요. 하지만 반대로 죽음이 가까울수록 살고 싶은 의지가 더 강해지는 아이러니를 경험했어요.

작가님에게 꽃피웠던 기억은 무엇인가요?

다소 진부하게 들릴 수도 있지만 사랑의 기억이요. 누군가의 사랑을 받고 누군가에게 사랑을 주었던 기억이 오래 남아 있어요. 순수한 마음으로 조건 없는 사랑을 주고받은 기억이에요. 물론 지금도 여전히 뿌리내려 있다고는 생각해요.

가슴 아픈 일을 겪고 나서 힘든 이유 중 하나가 세상에 대한 신뢰를 잃어버리기 때문인 것 같아요. 다시 시작할 수 있다는 믿음을 잃어버린다면 어떤 말이 도움이 될까요?

고통 가운데 있을수록 삶을 어떤 식으로 바라보느냐가 중요한 거 같아요. 행복한 삶이 기본 바탕이라는 생각이 들면 고통을 견디는 게 어렵고 세상에 대한 신뢰도 잃기 쉬워요. 저는 그나마 '모든 것에는 끝이 있다'는 말을 붙잡았어요. 고통에는 끝이 오고 눈물은 멈출 날이 온다는 것. 그리고 '너는 살아있으라, 피투성이라도 살아있으라.' 하는 성경구절을 기억했어요. 모든 게 좌절스럽고 모든 걸 다 잃었다고 느껴질 때 그런 피투성이 같은 나를 바라보는 존재가 보이지 않는 곳에 있다는 적극적인 믿음을 갖는 게 중요하다고 생각해요.

잊을 수 없는 감사한 기억이 있다면 무엇인가요?

제가 혼자가 아니라는 것을 느끼게 해주었던 사람들에게 감사해요. 혼자 방에 갇혀 서러움을 앓아야 했을 때를 완전히 이해하는 사람은 없을 거예요. 심지어 저를 낳아주신 어머니조차도 제 마음을 헤아리지 못하실 때가 있었지만 그건 어쩌면 당연한 거 같아요. 여러 번 아픔이 지나간 후에 제 몫의 아픔은 제가 오롯이 극복해야 한다는 걸 알게 됐어요. 다른 사람에게 왜 나를 이해해주지 못하느냐고 강요해서는 안 될 일이라는 걸 깨달았어요. 우리 모두 각자에게 주어진 자기만의 고통이 있는 법이라는 걸 받아들이게 됐어요. 또 저의 고통을 통과한 경험 안에서 타인의 고통에 공감하고 싶은 눈과 귀가 생겨난 게 감사해요. 적어도 나와 같은 고통을 갖고 있는 사람들이 덜 아팠으면 좋겠다는 마음이 생긴 것에도 감사하고요. Ⓜ

사랑이 꽃

1.
아기자기한 시골 마을에 꽃을 사랑하는 농부 아저씨가 살고 있었어요.
아저씨는 꽃씨를 땅에 가만히 심고 정성 가득 사랑을 담아 물을 주었어요.

2.
'톡 톡 토토독'
땅에서 새싹이 자라 드디어 예쁜 꽃을 피웠어요.
이 꽃의 이름은 사랑이 꽃이에요.

3.
"사랑해. 사랑이 꽃아, 네가 있어서 나는 정말 행복해."
아저씨가 사랑이 꽃을 바라보며 속삭였어요.
"나를 예뻐해줘서 고마워요. 아저씨가 있어 나도 참 따뜻해요."
아저씨와 사랑이 꽃은 서로 바라보기만 해도 행복했어요.

4.
그런데 이 행복은 오래가지 않았어요.
아저씨가 오래전부터 끙끙 앓아온 병이 깊어져 하늘나라로 떠나게 된 거예요.
사랑이 꽃은 하루아침에 혼자가 되었어요.
홀로 남겨진 사랑이 꽃은 아저씨가 너무너무 보고 싶고 그리웠어요.

5.
어느 햇볕이 따가운 오후였어요.
슬퍼하고 있는 사랑이 꽃에게 옆집 심술보 동네 꼬마가 다가오더니
사랑이 꽃의 예쁜 꽃잎들을 마구 떼어갔어요.
"쳇! 꽃잎이 너무 예쁘잖아? 나만 이 꽃잎을 몽땅 가지고 싶어. 내가 다 가질래!"

6.

아저씨를 하늘나라로 보낸 것도 모자라
예쁜 꽃잎들까지 모두 잃은 사랑이 꽃은 큰 슬픔에 빠졌어요.
벌레들이 찾아와 사랑이 꽃의 이파리를 갉아먹었어요.
팔랑팔랑 나비 친구와 윙윙 벌 친구도
예쁜 꽃잎이 모두 사라져 초라해진 사랑이 꽃을 더 이상 찾아오지 않았어요.

7.

매서운 겨울이 찾아왔어요.
사랑이 꽃은 아저씨를 잃고 꽃잎을 잃고 친구들도 잃었어요.
추운 날씨에 몸도 마음도 꽁꽁 얼어붙어 메말라가고 있었지요.

8.

그때 보이지 않는 곳에 숨어있던 뿌리가 사랑이 꽃에 가만히 속삭였어요.
"안녕, 사랑이 꽃아. 난 너의 뿌리야. 너의 모든 걸 이해하고 있지."
"나의 모든 걸 이해하고 있다고?"
"응. 맞아. 너의 기뻤던 시간과 슬픈 시간과 속상한 마음까지
모든 걸 다 이해하고 있고말고.
모든 것에는 끝이 있어.
이 슬픔도 언젠간 끝이 날 거야. 내 말을 믿어도 좋아.
넌 다시 환하게 활짝 펴서 예쁜 꽃잎을 갖게 될 거야."
뿌리가 속삭였어요.

9.

하지만 슬픔에 빠진 사랑이 꽃은 보이지 않는 뿌리의 속삭임을 들으려 하지 않았지요.

10.

"하지만 난 다시 꽃 피울 수 없을 거야.
모든 걸 다 잃고 더는 아무런 힘도 남아있지 않아."

11.
뿌리는 슬픔에 잠긴 사랑이 꽃을 보는 것이 마음 아팠어요.
그렇지만 뿌리는 사랑이 꽃을 포기할 수 없었어요.
사랑이 꽃이 슬퍼할수록 뿌리도 있는 힘껏 땅속 깊이깊이 맨살로 땅을 뚫고 내려갔어요.
그렇게 뿌리는 사랑이 꽃 곁에서 소리 없이 가만히 함께해 주었어요.

12.
땅 위 차디찬 얼음이 녹고 매서운 겨울바람도 지나갔어요.
다시 햇볕이 따뜻한 봄날이 되었지요.
따뜻한 봄 햇살과 촉촉한 봄비가 사랑이 꽃에 내렸어요.

13.
"사랑이 꽃아 힘을 내. 우리가 너와 함께 있어."
봄 햇살과 봄비가 사랑이 꽃에게 속삭였어요.

14.
너희들은 눈에 보이지도 않고 손에 잡히지도 않으면서 어떻게 나와 함께 있다는 거니?"
사랑이 꽃이 시큰둥하게 대답했어요.

15.
"우리는 눈에 보이지는 않지만 네가 다시 꽃 피울 수 있게 도울 거야."
사랑이 꽃은 보이지 않는 친구들이 도대체 무슨 말을 하는지 정말 이해할 수 없었어요.

16.
따뜻한 봄 햇살이 사랑이 꽃을 감싸고 촉촉한 봄비가 사랑이 꽃 위에 스며들었어요.
땅속 뿌리도 사랑이 꽃을 위해서 더 깊은 곳으로 뿌리내리기를 그치지 않았어요.

17.
'톡 토토독'
어머나! 사랑이 꽃에 다시 예쁜 꽃잎이 피어나는 소리가 들려요.
사랑이 꽃은 다시 꽃피운 자신의 모습을 보고 깜짝 놀랐어요.

18.
"나는 모든 걸 다 잃었다고 생각했는데 어떻게 다시 꽃을 피울 수 있었던 거지?"
사랑이 꽃은 궁금했어요.

19.
그때, 뿌리가 가만히 듣고 있다가 대답했어요.
"그건 네가 처음부터 꽃으로 태어났기 때문이야.
너를 사랑하는 보이지 않는 친구들이 너를 변함없이 지키기 때문이야.
네가 어떤 모습이든 어떤 기분이든 우리가 널 사랑하기 때문이지."

20.
사랑이 꽃은 자기를 포기하지 않고 끝까지 믿고 기다려 준 친구들이 참 고마웠어요.
사랑이 꽃의 향기가 마을 가득 향기롭게 폴폴 퍼져 나갔어요.

21.
사랑이 꽃은 아름다운 향기를 선물해 준 보이지 않는 친구들을 따뜻하게 기억했답니다.

시를 쓰는 일

황수진

Writing to Deal with "Emotional Illness"

저린 손

누군가 뒤에서 쫓는다
사방 군중이 쳐다본다
순간 멈춰서 걸음 하나 떼지 못하고, 심장 소리를 듣는다

손이 저린다
지나가기만을 그저 기다린다
입술이 살짝 샐룩거려지지만
아직은 아니다
손이 저려와 이쪽 손가락으로 다른 쪽 손가락을 겨우 잡아본다
사람들이 더 이상 쳐다보지 않아도
뇌와 심장과 저린 손은 알고 있다.
그저 지나가기만을 기다릴 수밖에 없다는 것을
고질병

제가 열 살이 되었을 때 엄마는 선택을 하라고 했습니다. 마치 이번이 마지막 기회이니 잘 대답하라는 표정을 지으시며 물어보셨죠.

"엄마랑 살래, 아빠랑 살래?"

엄마를 따라 가고 싶다고 말하고 싶었지만 아빠를 버리고 엄마와 떠나는 게 너무나 큰 죄책감으로 남을 것 같아 아빠 곁에 남겠다고 대답했습니다. 지금 생각해보면 다른 대답을 했더라도 엄마는 홀로 떠나셨을 거라는 생각이 듭니다. 얼마 후 아버지는 일찍 세상을 떠나셨습니다.

저는 지금 공황장애와 불면증으로 5년째 치료 중인 사람입니다. 처음 병이 찾아 왔을 때 '병명도 낯설고, 연예인들이나 걸린다고 하는 공황이 왜 하필 나에게 왔을까' 생각했습니다. 좋은 사람을 만나 결혼을 하고 예쁜 두 딸을 낳고 나서는 이제 내 삶에도 볕이 드나보다 했지요. 하지만 출산 후 극심한 산후우울증과 불면증을 겪으며 다시 나락으로 떨어진 듯 괴로움이 시작됐습니다. 이따금씩 오는 공황발작보다 더 힘든 건 언제 발작을 일으킬지 모른다는 예기 불안이었습니다.

치료하는 일에 집중 해보자 생각하고 다니던 직장에 휴직을 신청했습니다. 오롯이 저만을 위해 사색하는 시간을 가졌습니다. 책이 좋아 많은 양의 작품을 읽었습니다. 그러다가 문득 직접 글을 써보고 싶다는 생각이 들었습니다. 무언가를 상식해 내는 과성은 참 어려운 일이너군요. 그래서 담담히 제 이야기를 글로 풀어 씨보기로 했지요. 이야기를 써 내려가는데 나도 모르게 눈물이 났어요. 힘들었던 유년기, 청소년기, 성인이 된 후의 모든 순간의 저를 만날 수 있었습니다. 무심히 지나쳐서 몰랐던 슬픔과 아픔을 알게 되었고 여태껏 몰라주기만 한 나 자신에게 미안한 마음이 들어 여러 번 울컥했습니다.

노골적으로 풀어 쓰자니 온몸이 발가벗겨지는 느낌이 들어 은유적으로 표현할 수 있는 시를 쓰기 시작했습니다. 시를 통해 지난 시절의 저를 마주하고 다독일 수 있는 이 작업에 저는 만족하고 있습니다. 결과물이 하나씩 나올 때마다 큰 성취감과 기쁨을 느낍니다. 무엇에도 방해받지 않는 오롯한 나만의 시간과 고요함을 느끼며 몰입하는 순간들이 얼마나 행복감을 주는지 모릅니다. 무엇보다 작업에 집중하는 동안에는 어떤 걱정이나 불안도 느껴지지 않아 글을 쓰는 시간을 정말 즐기게 되었어요. 글은 저에게 몰입할만한 무엇이 되어 주었습니다. 그리고 여전히 이불을 박차고 나올 수 있는 용기, 다른 일상을 누릴 수 있는 용기를 갖게 해줍니다. Ⓜ

두 번째 삶

A New Lease of Life

정윤진
〈공황장애가 시작되었습니다〉를 썼다. 블로그, 인스타그램, 네이버TV, 네이버오디오클립 등을 통해 치유의 힘을 끌어낼 수 있도록
곁에서 손잡아주고 듣는 사람으로 살고 있다.

> '어째서 나에게? 왜?
> 도대체 어떻게 나에게 이런 일이?
> 내가 뭘 그렇게 잘못했다고?'

생의 한순간도 허투루 살아오지 않은 나에게 어떻게 이런 일이 생긴 걸까? 누구보다 법 없이도 사는 사람인 나에게? 신을 향해 절규해보았고, 피해자인 나에게 용서하라고 말한 '공감해주지 못한 사람들'을 미워했다. 감정은 극단적이고 부정적인 강박의 끝을 달리게 되었다. 어떤 인지행동치료나 상투적인 위로도 마음 속에 와 닿지 않는다. 벗어나기 위해 약을 먹는다. '내가 죽으면 그들이 미안해할까? 죄책감은 느낄까?' 내가 할 수 있는 유일한 복수는 죽음뿐이라는 생각에 사로잡혔다. 열망을 잠재우는 방법은 약을 먹고 잠에 취하는 것뿐이었다. 침대에 누워 어두운 천장을 보고 소리 없이 눈물만 흘리는 시간이 얼마나 흘렀는지 셈할 수가 없었다. 그렇게 몇 달을 좀비처럼 가만히 '멈춰진 시간' 속을 헤맸다.

이성은 내가 인지 왜곡을 하고 있다는 걸 알면서도 공포에 사로잡히는 또 다른 나를 통제할 수가 없다. 집을 나서서 사람을 마주치면 시작되는 공황증상. 극도의 공포를 동반하는 발작이 언제, 어떤 상황에서 일어날지 '알 수 없는 것'에 대한 무방비. 통제 불가능한 상황에 대한 두려움과 예기불안이 나를 집어삼켰다. 밖에서 갑자기 어떤 일이 발생할지 모른다는 막연한 두려움으로 인해 집에 꽁꽁 숨어들었다. 두려움은 우울증이 되었고, 광장공포증과 대인공포증을 동반했다. 신경정신과 질환은 무리를 지어 나에게 찾아와 깊은 절망을 맛보게 했다. 이러한 증상과 인지 왜곡은 자발적으로 삶의 영역을 집 안으로 한정 지었다. 집 밖은 곧 생명을 위협하는 곳으로 뇌에 기록되었다. '혼자서 할 수 있는 일이 없다'는 생각에 사로잡혔고, 원래 '할 수 있던 일'에도 자신이 없어졌다. 운전을 할 수 없게 되었고, 지하철이나 버스 등 대중교통을 이용할 수도 없게 되었다. 집 앞 편의점은커녕 아이 등하원도, 식사

도 챙기지 못했다. 생산 활동을 하지 못하는 '나'는 쓸모없는 존재였고, 이 세상에 필요 없는 쓰레기처럼 느껴졌다. 나의 시계는 '그날'에 멈춰져 있었다. 더 이상 꾸고 싶지 않은 악몽, 온몸이 두들겨 맞은 듯한 고열과 몸살, 너무 억울해서 죽고 싶다는 생각. 아픈 기억에서 벗어나기 위해 노력할수록 '그날'의 공포는 더욱 나에게 집착하며 숨을 옥죄었다.

2019년 10월, 평소 좋아했고 어여쁜 한 여배우를 다시는 볼 수 없다는 소식을 뒤늦게 들었다. 온몸에 소름이 돋았다. 맑게 웃던 그녀의 얼굴이 떠올랐다. 가슴이 답답해지며 심장이 조여 숨쉬기가 힘들어졌다. 그녀의 아픔이 얼마나 컸을지 가늠이 되었다. 그녀를 따라 편안해지고 싶다는 충동이 일었다. 베란다로 기어서 간다. 소금기를 머금은 바람 냄새가 났다. "바람이 되고 싶다"고 입버릇처럼 말하던 선머슴 같은 어린 소녀가 눈앞을 스쳤다. 손을 앞으로 쭉 내밀었다. 바람을 손에 잡아보려 애를 쓴다. 아무리 용을 써도 바람은 손가락 사이로 빠져나간다. 가슴이 너무 아파서 공벌레처럼 몸을 말았다. 죽음의 공포가 사라질 때까지 그대로. 쓸쓸한 바람 소리만 들렸다. 얼마나 시간이 흘렀을까. 감정의 무게에 짓눌려 물먹은 솜처럼 움직이기조차 버거운 몸을 다시 침대에 누였다. 멍하니 천장을 바라보다가 지금 이 상황을 벗어날 수 있는 일을 혼자서는 할 수 없음을 깨달았다. 나에게 물었다.

'나는 왜 이렇게 힘들지? 다른 사람들은 다 괜찮아 보이는데. 다들 잘만 사는데, 나만 왜 그럴까?' 아니다. 모두가 아프다는 평범한 진리를 알고 있다. 정도의 차이만 있을 뿐 누구나 자신만의 아픔을 껴안고 살아간다. 그러나 나에게만은 절망의 순간이 오지 않기를 욕심냈다. 같은 질병을 앓던 한 여배우의 죽음은 잠시 멈

추고 쉬어가며 나를 오롯이 바라볼 수 있는 기회가 되었다. 그리고 공황과의 동행을 받아들이게 했다. 고통의 한계가 나에게도 찾아왔고, 더 이상 사회시스템의 부속품이 아닌 한 존재로 '살기로 결심했다.' 지나치게 스스로를 학대하는 삶이었다. '더 잘해야 해. 더 열심히!' 좋은 결과가 나왔을 때 쏟아지는 칭찬에 취했다. 인생을 살다 보면, 100% 좋은 사람일 수는 없다. 그런 쉬운 진리를 망각한 채 모든 사람을 만족시키고 싶었다. 그렇게 '좋은 사람'이라는 타인의 인정을 받으며 애정 욕구에 대한 갈증을 채웠다. 혹시나 상대방이 실망할까봐, 더 이상 인정받지 못할까봐 밤낮없이 '나'라는 공장의 기계를 돌렸다. 그렇게 나를 죽이고 '인정욕구에 취한 부속품'이 된 존재는 더 중요한 '나'를 잃어가고 있었다. 자신을 지킨다는 말은 자신이 할 수 있는 일과 할 수 없는 일에 대한 한계를 분명히 알고, 그 선을 지키며 삶의 균형을 맞추는 것이다.

'애썼어. 그동안 고생 많았어. 이제 좀 쉬라고 나에게

병이 찾아왔구나. 치유에 전념하고 내·외면을 모두 성장시키는 삶을 살 기회가 이제야 왔구나.' 그렇게 오랜 시간을 나와 만나며 그동안 억눌렸던 눈물을 터트렸다. 나에게 착한 사람으로 '자기 돌봄'의 시간을 충분히 갖기 위해 노력하며 스스로를 토닥이고 안아주었다. 내가 살면서 경험해온 모든 것들은 온전히 나만의 것이다. 그 경험의 총체가 현재의 내 모습인 것이다. 이런 나를 타인이 완벽히 이해하고 가장 훌륭한 솔루션을 제공한다는 것은 있을 수 없는 일이다. 세상에 질문을 던져보고 답을 찾아봐도 그것은 진짜 답이 아니다. 결국 세상이 정한 기준에 나를 끼워 맞추는 것일 뿐. 진흙탕에서 일어서기 위해서는 타인의 공감과 함께 자신이 가진 내면의 힘이 반드시 뒷받침되어야 한다. 온전한 개별성을 지닌 우주를 품은 하나의 존재에겐 세상이 정해준 기준이 아닌 자신만의 정답이 필요하다.

사건의 잘잘못을 따지며 '그날'을 반복하며 살고 남 탓

을 하며 원망하는 초라한 내가 보였다. 인지왜곡하는 나를 알아차리고 받아들이는 게 무척 힘들었다. 차라리 인지왜곡하는 것을 모르면 편할 것 같았다. 이성은 제대로 작동하는데도 나의 신체는 극도의 공포를 느끼며 발작을 일으켰다. 그런 모습을 있는 그대로 수용하고 자신의 신경정신과적 질환을 인정할 때, 병의 치유뿐만 아니라 살아가면서 주어지는 다양한 문제를 합리적으로 해결하는 관점과 시각이 생긴다. 어떻게 해석하느냐에 따라 병이 '독'이 될 수도 있고, '득'이 될 수도 있음을 알아차렸다. 가능하다면, 나를 위한 가장 최선이면서 행복한 해석을 하면 어떨까. '과거도, 미래도, 누구도 탓하지 않고 현재를 즐기는 삶'을 살기 위한 해석을 한다. 살기 위해, 내가 겪은 '그날'에서 벗어나기 위해 전혀 다른 세상으로 나아갔다. 처음 경험해보는 상황에서 나타나는 나의 행동을 관찰하고 지속적으로 공황일기를 썼다. 나에게만은 애써 웃지 않아도 된다. 이제 더 이상 역할의 가면을 쓰며 자신을 포장하지 않아도 되었다. 나에게 주어졌던 역할들 때문에 스스로 제한점을 두고 선택하지 못했던 삶에 도전했고 새로운 경험에 당황도 했지만 만족감이 훨씬 컸다. 사소한 성공은 내 삶의 경계를 확장시켰다. 삶의 모든 순간, 그 중심에 '나'를 두기 위해 노력했고 진실로 원하는 것을 추구하는 생을 신뢰하기 위해 처절하게 몸부림쳤다. 오롯이 나를 마주하는 사색을 통해 자기 이해의 프레임이 넓어졌고 나의 질병과 심리적 안정에 도움이 되는 루틴을 하나씩 만들어갔다.

차 마시기, 좋아하는 음악 듣기, 산책을 시작했다. 혼자서 명상을 하려면 온갖 잡생각으로 인해 비워내려고 할수록 더욱 생각에 사로잡혔다. 그런데 걷다 보면 어느새 마음은 텅 비고 자연스레 사색에 잠기게 된다. 바람과 대기의 온도를 느끼고, 풀벌레 소리를 듣다 보면 나의 즐거움과 욕구가 충족되는 느낌, 과한 욕심이나 쾌락을 비워내고 불안이 사라진 아타락시아(ataraxia) 즉, 평정심의 상태에 이르는 경험을 했다. 나는 관계에서 받는 스트레스에 취약한 편이다. 내 병은 어쩌면 자기표현이 어려워서 무조건 참고 버티던 나의 습성에서 비롯되었을 수 있다. 전보다 솔직하게 내 감정과 욕구를 표현하려고 노력한다. 최근에는 '니체'

의 책을 읽으며 심연으로 침잠하곤 한다. 내향인인 나는 마음속 비밀의 공간에서 쉬는 상상을 하곤 한다. 그 후엔 글을 쓰며 비워내고 표현하는 행동을 반복했다. 그렇게 다 토해내고 나니 다시 채울 수 있었고 성장할 수 있었다.

발병 후 같은 환자의 치유기록을 읽고 싶었던 것처럼 누군가 나의 토해낸 글을 읽고 '나만 이렇게 고통스러운 게 아니다'라는 위안을 얻길 바란다. 그렇게 나는 병을 드러내고 자신 안의 치유의 힘을 이끌어 내는 안내자로서의 길을 걷기로 선택했다. 직접경험으로 얻은 공감 능력은 굳이 말로 설명하지 않아도 완벽하게 신경정신과적 질병의 고통을 이해할 수 있게 하였다. 이기주 작가의 '언어의 온도'에 이런 문장이 있다. '아픈 사람을 알아보는 건, 더 아픈 사람이다' 모든 사건은 이유가 있다고 한다. 어쩌면 나에게 공황이 찾아온 것도 나에게 주어진 사명이 있어서가 아닐까! 나는 내 병을 걸림돌이 아닌 디딤돌로 전환하게 되었다. 누군가의 아픈 이야기를 듣고 나의 경험을 나누며 치유를 도와주는 사람으로서 진정 자유로운 두 번째 삶을 지금 시작한다. Ⓜ

*그날, 그 사건 : 현직교사로서 급식실에서 새치기한 학생을 신고받고 정당한 교육활동을 하던 중 해당 학생에게 위협을 받았다. 급식실이라는 특수한 공간에서 수많은 학생들이 온전히 그 모습을 지켜보았다. 이로 인해 공황장애, 우울증, 적응장애, 불안장애, 광장공포증, 대인기피증을 앓았으며, 현재도 지속적으로 치료받고 있다.

싸우지 않는 마음

-로셀리나-

Determined Not To Fight

8년 간 놀이치료사로 일한 로셀리나는 처음 공황이 찾아왔을 때,
'공황을 가진 사람 중에 가장 재미있게 집에서 노는 사람이' 되겠다고 생각했다.
어떤 날은 펜을 갖고 놀았고, 어떤 날은 붓을 갖고 놀았다.
그림 속에서 로셀리나는 자유롭게 하늘을 나는 모습이 되었다.
자신의 마음과 함께 시간을 보내고 나니 공황은 점차 희미해졌다.

공황의 계기가 명확한 것 같아요.

허리를 다치고 나서 공황이 왔어요. 저는 하고 싶은 일이 많은 사람인데 집에만 있어야 했어요. 허리가 아프니까 할 수 있는 게 없더라고요. 차를 타도 진동이 고스란히 느껴지고 가만히 있어도 통증이 심했어요. 일상이 완전히 멈춘 느낌이었던 것 같아요. 주도적으로 뭔가를 하고 싶은데 일도 그만둬야 했고 외부는 안전하지 않다는 인식이 생기게 됐어요.

어떻게 그림을 그리게 됐나요?

외출을 할 수 없으니까 답답했어요. 그런 생각을 하니까 더 나가고 싶다는 생각만 들고요. 그래서 실제 존재하지 않지만 제가 자유로울 수 있는 공간과 저를 그리기 시작했어요. 탁 트인 실내나 외부 공간에 저를 놓아두는 거죠. 그때그때 심리 상태에 따라서 떠오르는 이미지들을 그렸어요.

방 안에만 있어야 했으면 쉽게 우울에 빠지거나 극단적인 생각을 할 수도 있을텐데요. 그림으로 해결하겠다는 생각을 어떻게 하게 됐나요?

성격의 영향이 있는 것 같아요. 처음에는 허리가 아파도 일을 했어요. 그러다 다시 넘어졌는데 또 돌아다녔어요. 어느 순간부터는 정말 못 나가겠다는 생각이 드는 거예요. 일을 그만두고 나서는 한동안 많이 우울했어요. 제가 놀이치료사로 일하고 있었는데 관계를 맺고 있는 아이들, 친밀한 대상들과도 떨어져야 했으니까

요. 그리고 나서는 지금 제가 처한 현실에서 어떻게 하면 편안해질 수 있을까 그것만 생각했던 것 같아요. 주어진 환경에서 뭐라도 하고 싶었어요. 집에 있을 수밖에 없는 상황이 되었지만 '공황을 가진 사람 중에 가장 재밌게 집에서 노는 사람이 되어야지', '그냥 울고만 있는 사람이 되지 말아야지' 생각했어요.

우울보다는 공황 때문에 일어나는 예기불안이 더 힘들었던 것 같아요. 제가 통제할 수 없는 부분이지만 할 수 있는 범위 내에서 최대한 이완될 수 있는 활동을 했어요. 예기불안이 왔을 때 제가 아이들에게 했던 것처럼 치료적인 프로그램을 시도해봤어요. 피규어 같은 도구로 증상이 온 당시를 재현하거나 이해하려고 노력했는데 잘 안 됐어요. 혼자 두 역할을 하려니까 안 되는 거죠. 그래서 아이들이 화를 표출할 수 있게 사용했던 신문지 찢기나 던지기, 그림을 통한 객관화 그런 것들을 시도했어요. 한 번은 잡지에서 원하는 그림을 오려 붙이는 콜라주를 해봤어요. 하다 보니 원하는 걸 찾기가 힘들더라고요. 그래서 그냥 내가 그리자 해서 종이랑 아크릴 물감을 샀어요. 그렇게 그림을 그리고부터는 증상이 심해지지 않았어요. 여전히 외부에 나가는 건 힘들었지만요.

외출이 조금 편해지진 않았나요?

그런 건 아니었어요. 집에 있는 시간이 많아져서 자연스레 하게 된 거예요. 증상 때문에 자극적인 것들이 좋게 느껴지지 않았어요. 티비도 자극적인 프로가 많잖아요. 그림을 그리면 해

소감이 있었어요. 붓의 터치감이라든지 여러 가지 색을 사용하는 재미라든지 그런 것들요. 어느 날 인스타에 들어가니까 사람들이 특이한 색감을 많이 사용하더라고요. 뭐로 그린 거냐고 물었더니 아이패드로 그린 거래요. 재밌겠다는 생각이 들어서 동생 아이패드에 손가락으로 그려봤어요. 나중에는 하나 사서 펜슬로 그리기 시작했죠. 밖에 나가는 일과 실제적으로 연관성은 없을 수 있어요. 그래도 나갈 수 없는 시간 동안 그림을 그리면서 편안한 마음상태를 유지할 수 있었던 것 같아요. 외부 자극은 저를 각성시킨다는 느낌이 있었어요. 그림 속에서는 고요하고 조용한 곳에 나를 투영하는 인물을 그려 넣었어요. 그렇게 많이 편안해진 다음에, 한번 나가보자, 오늘은 여기까지만. 조금씩 단계가 높아졌어요.

공황이라는 증상에 끌려 다니지 않고 주도권을 가져온 것 같다는 느낌도 드네요.

네 맞아요. 나중에는 공황이라는 대상을 캐릭터로 만들었어요. 질환에 압도되거나 맞서 싸우는 게 아니라 함께 가는 걸로 생각하고 싶었어요. 그래서 그 친구랑 대화를 한다든지 혼내준다든지 어떤 방식으로든 컨트롤 하려고 했어요. 어쨌든 공황이란 건 제 안에서 나오는 거잖아요. 그러니 '없어질 때까지는 편하게 지내보자, 그러려면 너도 잘 해야해', '나도 잘할게'. 그런 마음이었던 것 같아요.

작가님 그림에서는 공황에 대해서 자신을 돌보지 않아서 생긴 것으로 규정하셨어요. 그러다가 다시

증상이 돌아오기도 했죠. 충분히 스스로에게 관심을 기울인 것 같은데 증상이 불쑥 돌아오면 절망적인 느낌일 것 같아요. 한동안은 괜찮아지다가 다시 증상 때문에 힘든 경험을 했을 때는 어떻게 대처했나요?

많이 괜찮아졌다고 생각하고 약을 줄였더니 바로 증상이 나타나서 의기소침했던 적이 있어요. 잘 지내다가 공황이가 저를 또 열받게 한 거죠. 그러면 '따라와' 해서 링으로 부르고 혼내줘요. 땅을 파서 거기에 묻어두기도 하고요. 하루 이틀 지나면 또 괜찮아져요. 그럼 다시 불러서 '그래, 그렇게 해도 괜찮아, 죽는 건 아니니까' 하고 저를 다스리는 거예요.

공황이의 캐릭터에 변화가 있있나요? 지금은 어떤 모습인가요?

원래는 언제 터질지 모르는 폭탄 같이 느껴졌어요. 그래서 심지 같은 빨간 꼬리가 있는 모습으로 떠올랐죠. 지금은 점점 편해져서 꼬리가 없는 모습으로 표현이 돼요.

지금은 많이 유순해졌나요?

증상으로 나타나는 건 거의 없어요.

그 아이는 없어진 걸까요? 아니면 진심을 알아듣게 된 걸까요?

없어졌다고 생각하지는 않아요. 어딘가에 있겠죠. 또 제가 제 마음을 잘 모르고 다그치거나 어떤 방향으로 감정이 폭주하려고 할 때 다시 나타날 수 있다고 생각해요. 제가 완벽하게 뭔가를 해내고 싶고 잘 해내고 싶은 마음이 앞서서 제 감정보다는 역할에 충실한 경향이 있어요. 너무 역할에 압도된다면 다시 와서 슬쩍 어깨에 기댈 수 있겠죠. 그럼 또 알아차려야겠죠. '아, 또 왔구나', '이제 그렇게 안 할게'하고 제가 할 수 있는 적정 수준을 조율하면서 보낼 수 있지 않을까요. 그러다 보면 없어질 수도 있고요.

그림만 그린 게 아니고 여러 가지 방법을 다양하게 이용하셨는데요. 그중에 도움이 많이 됐던 게 있다면 무엇인가요?

일단은 신체화 증상이기 때문에 약을 먹었어요. 저는 공황이 오자마자 병원에 갔거든요. 그리고 모래놀이치료를 받았어요. 모래상자를 이용해서 상담을 받는 건데요. 여러 가지 피규어를 놓으면서 자유롭게 마음을 표현할 수 있어요. 처음에 모래상자를 꾸몄을 때는 제가 가운데에 있고 모든 게 저를 둘러싸고 있었어요. 공룡이나 군인, 반대쪽에는 지지하는 사람들. 나중에는 점점 편안한 모습으로 상자를 꾸미게 됐어요. 내가 증상을 어떻게 받아들이고 있는지 객관적으로 확인할 수 있는 도구라고 할 수 있죠. 제가 물리적으로 멀리 가기가 힘들어서 선택했는데 결과적으로 잘 맞았던 것 같아요. 꽃과 화분, 긍정적이고 예쁜 것들을 보려고 노력하기도 했어요. 가족들에게는 솔직히 털어놓고 제 상황을 최우선으로 해달라고 부탁했어요. 가족들의 이해도 큰 도움이 됐던 것 같아요.

다른 분에게 권하고 싶은 그리기 방법이 있나요?

그림을 그릴 때 잘 그려야 한다는 생각이 있잖아요. 그래서 처음엔 그런 생각을 하기 어려운 방식들이 좋은 것 같아요. 제가 제일 편하게 했던 것은 난화예요. 유튜브에 잔잔한 음악들 많잖아요. 그중에 마음에 두는 걸 켜두고 어떤 거든 생각나는 이미지가 있으면 그리는 거예요. 손으로 그릴 수도 있고 두꺼운 붓으로 그릴 수도 있고요. 모양과 형태를 내는 게 아니라 그때그때 원하는 대로 칠해 넣는 거예요.

구상적인 것보다는 마음 가는 대로 그릴 수 있는 게 좋은가 보네요

저는 낙서하는 느낌이 더 좋았던 것 같아요. 그리고 그리면서 자기 마음이 어떤지 알게 되는 게 중요해요. 모든 걸 잊고 작업에 집중하다 보면 느낌이 올라올 때가 있어요. '내가 지금 슬프구나', 아니면 '나 지금 화가 나네', 어떤 생각들을 발견하게 되는 거죠.

그림을 그려서 완성한다기보다 자신의 감정을 표현하려는 시도에 가깝네요.

네. 무엇보다 나를 위한 활동이기 때문이에요. 그림 그리는 게 어색하면 잡지를 오려서 원하는 모습을 만드는 콜라주를 할 수도 있어요. 또 만다라라는 안정감을 주는 그림을 가볍게 색칠해 보는 것도 좋고요. Ⓜ

미안, 그리고 사랑해. 내 낡은 기억의 서랍을 열어 오랜만에 마주한 내 안의 작은 아이와 화해를 했다. 울고 있는 아이에게 꽃을 주니 환하게 웃는다. 우린 그렇게 한참을 안고 있었다. 따뜻했다. 난 아이에게 작게 속삭였다. "모른척해서 미안했어 그리고 사랑해." (2019. 9. 20.)

통과. 아름다운 발레리나가 춤을 추는 오르골의 음악소리가 나오고 새로운 세계로 통하는 거울을 지나면…, 그곳은 어떤 곳일까? (2020 11. 12.)

나의 공황이는 참 다채로운 모습을 가지고 있다. 어느 날은 온화한 미소를 띠며 나를 안심시키다가 잠을 푹 못자 컨디션이 안 좋거나 너무 덥거나 외부의 시끄러운 곳에 가면 상당히 불쾌해하며 고슴도치의 가시처럼 뾰족해지기도 하고 언제 빵 터질지 모르는 폭탄이 되기도 한다. 그치만 난 그런 공황이를 바닥에 던지고 나 몰라라 숨기보단 내 두 손으로 고이 감싸고 쓰담쓰담 아이 달래듯 하려 한다. 다행히 온화한 날들이 많아지고 있고 공황장애이지만 잘 지내고 있다. 앞으로도 친하게 잘 지내보자. (2019. 9. 14.)

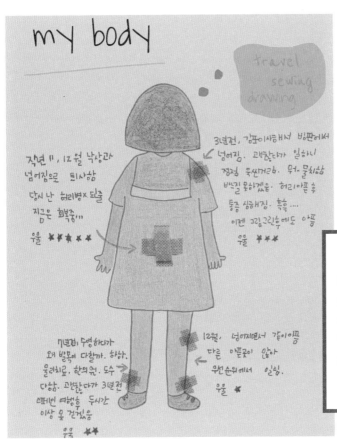

이 정도면 움직이는 정형외과다. 올해는 아무것도 안 하려고 한다. 버리는 시간이 아니라 쉬는 시간이고 이 시간을 통해 얻는 것도 있다. 나를 더 잘 돌보고 아낀 후 내년을 준비해야지. (2019. 8. 7.)

구름 위를 폴짝 뛰어다닐 수 있으면 얼마나 좋을까. (2019. 9. 9.)

그림. 그림으로 무엇인가를 표현한다는
건 참 재미있는 일이다. 다만 그림을 인
스타에 올리다보니 완성도와 하트, 댓글
이 신경 쓰일 때도 있는데 그냥 내가 그
리고 싶은대로 내가 재미난 그림을 계속
그려야겠다는 초심을 다진다.

영화 UP이 생각나서. 집이랑
풍선만 있으면 어디든 갈 수
있어.

구두비행기를 타고 어디론가 슝. 재미 있는 곳으로 나를 데려다줘(나의 친구 사막여우와함께 2019. 10. 17.)

이곳에서라면 푹 쉴 수 있어.
(2019. 10. 5.)

직면하는 그림

-지나

A Picture That Helps You See Yourself

몸과 마음은 서로 연결 되어 있다. 정신의 혼란은 몸을 흐트리고 몸의 고통은 마음을 무너뜨린다. 루푸스가 왔을 때 JINA가 그린 그림은 앙상한 나비다. '앙상한 나비'가 무늬를 갖고 화려해지기까지 무슨 일이 있었을까? 여전히 계속하고 있는 것은 그림 그리기다. 그림 안에서 자신을 직면하고 발견하는 일이 JINA의 몸과 마음을 잠잠하게 만든다.

2014. 4. 9 gina

힘겹게자꾸 나비야...

2015. 2. 15 gina

언제부터 그림을 그렸나요?

원래 그림을 좋아하긴 했어요. 끄적이는 걸 워낙 좋아해서 일하면서 메모도 쓰고 그림도 그리고 그랬어요. 미술 치료를 공부하기 시작했을 때 루푸스 진단을 받았어요. 자연스럽게 나의 마음을 예술로 풀어야겠다는 생각으로 이어졌죠.

루푸스 진단을 받고 나서 그림에 변화가 있었나요?

진단을 받고 나서는 좀 더 의식적으로 제가 갖고 있는 걸 풀어내려고 해요. 전에는 무의식적으로 뭔가를 그리고 잊어버렸다면 지금은 그림에 대해 생각하고 변화를 느끼려고 애쓰는 것 같아요. 아무래도 더 좋아지는지 느끼고 싶으니까요. 어떻게 보면 좀 더 강박적이 된 건 아닐까 생각도 들어요. 때때로 뭔가 내 마음에 있는 것 같다는 생각이 들면 그려봐야 해요. 그게 어느 순간부터는 일상처럼 됐어요. 그런데 그게 싫지 않아요.

그냥 그림을 그리는 것과 자신을 돌보기 위해 그리는 건 어떤 차이일까요?

그림하고 더 많은 시간을 보내게 돼요. 많은 치료사분들이 무의식적인 그림에서 어느 순간 느껴지는 게 있다고 하시는데 저는 그걸 느끼려고 애쓰는 것 같아요. 그걸 느끼면 제 마음에 편안함이 찾아오는 것 같아요.

구체적으로는 어떤 과정일까요?

예를 들어 내가 오늘 뭔가 힘든 일이 있고 답답함이 남아 있다면 그림을 그려요. 그 안에서 구체적으로 어떤 감정을 갖고 있는 건지, 해결하고 싶은 건지, 이걸 마음에서 떠나보내고 싶은 건지 아니면 이도저도 하지 못해서 오는 답답함인지 알아차리게 돼요. 한참을 보고 있어도 안 떠오르면 그림이랑 대화를 한다고 해야 할까요? 보다 보면 어떤 부분이 눈에 들어오거든요. 그 부분을 가지고 제가 스스로에게 질문을 해요. 왜 이렇게 그렸을까. 그러다 보면 늦게라도 대부분 답을 찾게 되는 것 같아요.

루푸스는 어떤 병이죠?

자가면역질환이에요. 루푸스에는 원인이 없어요. 내 몸이 내 몸 어딘가를 적으로 인식해서 공격을 하는 병이에요. 나도 모르는 순간에 몸이 약해지기도 하고 감기 걸린 것처럼 열이 나기도 해요. 내가 내 상태를 모른다는 불안감이 너무 큰 병이에요.

예술치료가 통증 완화에 도움이 된다는 연구가 많은데 어떠셨나요?

사람들이 어떻게 생각할지는 모르겠지만 아프고 열이 나면 저를 본떠 만들어 놓은 인형을 시원하게 해줘요. 제가 너무 뜨거우니까요. 물수건을 올려준다거나 선풍기를 틀어준다거나 얼음에 놓는다거나. 그러면 마음이 편안해지고 아픔에 대한 생각을 조금은 잊을 수 있어요. 인형이 아니면 그림을 그리고 온도를 낮춰줄만한 뭔가를 그리거나 시원한 색을 칠해주면 한결 나아지는 느낌을 받아요.

루푸스 이후로 정신적으로도 어려움이 있었나요?

진단을 받고 나면 사람들이 아픈 거에 민감해

질 거라고 생각하지만 사실 안 그래요. 오히려 그 부분을 인정하게 돼요. 갑자기 아파서 열이 날 수도 있고, 면역계가 어디로 침범해서 공격할지 몰라요. 장기가 녹아내리는 경우도 있거든요. 무섭긴 하지만 인정은 돼요. 처음에는 괜찮았어요. 뭔가 좀 답답하다고만 생각했는데 나중에 알고 보니 제 안에 굉장히 큰 불안이 있었어요. 그전까지 저는 평범한 삶을 살았거든요. 그런데 한순간에 루푸스가 제 삶을 흔든 거잖아요. 언제 어떻게 아플지 모른다는 거, 그걸 예측을 못 한다는 게 어떤 불안인지 표현하지도 인지하지도 못했어요. 그림을 그리면서 그제야 제가 스스로를 유리 같다고 느끼고 있다는 걸 알게 됐어요. 언제 깨질지 모르는 상태요. 시각적으로 그려지니까 제가 할 수 있는 구체적인 방법들을 조금씩 알게 됐죠.

그림을 통한 직면이나 알아차림이 있었나 봐요

저 자신을 컨트롤 할 수 없다는 불안감이 왜 그렇게 컸는지 생각해봤어요. 그동안 누군가에게 의존하거나 기대는 경우가 없었던 것 같아요. 방법도 몰랐고요. 지금 겪는 병은 제가 어떻게 할 수 없는 건데 여전히 강박 같은 게 있었어요. 스스로 이겨내 보겠다고 발버둥 치고 남한테 약한 모습 보이고 싶지 않고, '아프지만 내가 할 수 있는 일은 다 알아서 할 거야.', '아픈 엄마라고, 아내라고 왜 못해, 이 집안의 중심은 나였는데'. 그러다 알게 된 거죠. '나는 왜 이렇게 아픈 와중에도 혼자 다 알아서 하려고 했을까, 그러다가 내가 떨어지면 완전히 깨져 버릴텐데'. 그러니 도움을 받아야 겠다 생각을 하고 주변에 이야기를 했죠. 그 후로 몸도 편해지고 전보다 훨씬 나은 상태가 되더라고요.

직접적 해결 방법이 나온 거네요.

전에는 저를 너무 몰랐고 알 생각도 안 했었어요. 점점 저에 대해 알고 나니 구체적인 해결 방법이 생각나고 몸도 마음도 편안해지는 과정이 된 것 같아요.

그림을 그릴 때 부정적인 이미지를 그릴 수도 있잖아요. 정확히 자신을 바라보는 게 어떻게 도움이 될까요?

자신의 감정을 구체적으로 생각하는 사람은 별로 없어요. '내가 기분이 왜 이러지, 우울한가? 슬픈가?' 정도로 생각하죠. 그런데 그 뒤에 다른 감정이 있을 수 있고 다른 욕구가 있을 수 있어요. 저 같은 경우에는 슬픈 감정이 화가 나는 감정과 연결이 많이 됐어요. 왜 화가 나나 생각을 해 봤더니 제가 통제하지 못하는 것들이 너무 많았어요. 그림으로 그려보면 구체적으로 알 수가 있어요.

처음부터 잘 되지는 않아요. 주기적으로 하다 보면 공통적으로 표현하는 게 보이거든요. 그 안에서 나름의 노력을 해야 해요. '이건 나에게 어떤 의미일까'하고요. 또 믿음이 있어야 해요. 여러 가지 표현들이 나한테서 나오는 거다하는 믿음이 있어야 스스로를 발견할 수 있어요. 그러려면 일단은 좋아해야겠죠. 미술을 좋아하는 사람은 미술로, 다른 걸 좋아한다면 다른 어떤 것으로 시도해야죠.

당장 효과가 없을 수도 있는데 어떻게 지속할 수 있을까요?

사람들은 나의 단점을 알아차리고 그걸 바로

바꿔야 한다고 생각해요. 근데 알아차리면 일단 그걸로 된 거예요. 그냥 그대로 받아들이는 거예요. '이걸 내가 당장 바꿔서 잘 살겠다.' 이게 아니라 나는 이런 사람이니 지금은 이렇게 살지만 조금 더 편하게 살려면 어떻게 해야 할까요. 저 같은 경우에는 약간의 강박이 있거든요. 만약에 '내가 강박을 받지 않고 살 거야.' 하면 그건 힘들어요. 내가 갖고 있는 강박을 인정하되 좀 더 편하게 살 수 있는 방법을 찾는 게 중요한 거죠. 그러면 떠오르는 방법이 많아져요.

루푸스가 나쁜 역할만 한 건 아닐 수도 있겠네요.

처음에는 루푸스가 미웠어요. 루푸스를 나비로 그려놓고 '친해지자 나비야' 써놨지만 앙상한 나비를 그려 놨어요. 몸에 가죽만 있는 것처럼 완전히 말랐어요. 날개가 이렇게 큰데, 내가 얘

를 이렇게 미워했구나 생각이 들었어요. 미운데 억지로 친해지려고 하니 어떻게 예쁘게 그렸겠어요. 근데 나중에 그린 그림은 화려하고 예쁘게 그렸어요. 나비가 나쁜 것만 준 게 아니라 오히려 삶에 대한 다른 시각을 갖게 해줬고 나에 대해 좀 더 생각하게 해준 거죠. 지금은 훨씬 편안한 마음으로 살 수 있게 됐어요. 조금은 고마운 부분도 있는 것 같아요.

가장 이상적인 상태를 이미지로 떠올린다면 어떤 모습인가요?

지금 제일 바라는 건 에너지에요. 만약에 당장 그린다면 빛을 가득 품은 그림을 그릴 것 같아요. 최근에 기쁘고 좋은 일들이 계속 들어오고 있고, 여러 가지 일을 하게 되는데 저한테 에너지가 부족한 것 같아서요. 어쩌면 제 안에 있을지도 모르죠. 안 해봤으니 모르는 거잖아요. 한번 해보는 거죠. Ⓜ

2020. 2. 10

jisu

꽃 같은 나

오구오구
잘했어
이만하면
잘하고 있어

내가 칭찬해주고
내가 더 예뻐해주면
내 안의 에너지는
점점 깨어나
더 강해지지

나를 지긋이 바라보고
따뜻한 두 손으로
나의 얼굴을 감싸주고
그 손에 얼굴을 부비부비

눈을 감고
나 잘했지?
이만하면 잘하고 있지?

응
엄청 잘했어
엄청 잘하고 있어

내가 대답해주고
나를 꽉 안아주기

(2020. 2. 10.)

나를 꼭 안아주는
내가 있다
언제나
아무 이유 없이
나를 꼭 끌어안아주는
내가 있다

나보다 넉넉하고 긴 팔을 가진 내가
나를 편안하게 해주고
든든하게 지켜준다

그래서 나는
꽤 용감할 수 있다
그래서 가끔
대단히 용감해진다

(2020. 3. 26.)

한동안 정체되어 있다고 느꼈다
다시 퇴보하고 있다고 느꼈다
어쩌면...
이렇게 멈춘 채로 살아가는 건가 생각했다

그러나
어떤 시간에든
어떤 속도로든
어떤 방향으로든
나는 나아가고 있었다

죽은 듯 보이는 나무도
다시 싹을 틔우듯
나는 생명력을 가지고
다시 툭!!!
투두둑!!!

이미
커다란 심장이
다시 뛰고 있다

(2020. 7. 20.)

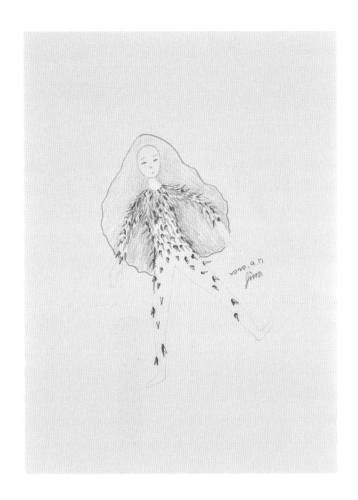

나는 연약해서
상처받지 않기 위해
막아내기 위해
가시를 세웠었다
그런데 이상하게
강해지지 않았다
당연하지
나는 약한 사람이니
가시가 있는
약한 사람일 뿐이었다
가시를 세우려 할 때면
오히려 내 생살들이 터지는 걸
왜 몰랐을까
그건 나를 지킬 방법이 아니란 걸
왜 몰랐을까

(2020. 9. 7.)

#86. 일기장
Getting Better

mm

정신과에 다니기 시작하면서
함께 쓰기 시작한 일기

처음엔 간단했다.
간단한 오늘의 내 감정

오늘은 바빠서 기분이 어땠는지 모르겠다.
많이 졸렸다   웃을 수 있었다.
오늘 기분은 별로였다.
친구들이랑 만나서 아무렇지 않게 웃는다.
기분이 괜찮았다.
갑자기 눈물이 났다.
견디기 힘들었다.

이 한장을 어떻게 매일 다 채우지,
생각했는데

으허.

탁

쓰다보니 어느새 반 장을 넘기고,
한 장을 꽉 채운다.

♬

매일같이 새로운 생각과
새로운 나에 대해 써내려 간다.

우울증을 만나면서 몰랐던, 혹은 모른척 했던
나에 대해 알아 갔고

그래서 쓸 말이, 생각이 넘쳐 난다.

갈피를 못잡고 혼란스러운 날에는
모든 문장이 의문문 투성이지만,

모르겠다.
나는 그때 왜 울었을까?
어떻게 해야 할지 모르겠다.
이래도 될까?
내가 진정 원하는게 뭘까?
나는 지금 괴로운 건가?
왜 또 우울하지?
상처받은 걸까?
나는 왜 그러지?

언젠가는 마침표가,
확신이 가득한 한 장이 되기를

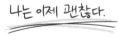

나는 이제 괜찮다.

mm 200920

#81. 파도
Getting Better

mm

매사에 예민함 투성이었던 내가
이제 그러려니 하고 넘어가는 일이 많아졌다.

나연둘   어쩌려

마음도 편하고 몸도 편안하다.

업무   회사
친구   가족
       불만 우울
자기계발

하지만 마음 한켠에는 늘
내가 다시 무너질 날이 오겠지 불안하다.

지나갈 것을 안다. 괜찮아질 것도 안다.
하지만,

어차피 파도는 날 덮칠 거라는 것.

어푸푸..

파도는 지나간다고 해도,

나는 머리부터 발끝까지 흠뻑 젖겠지.

그저 조용히 햇빛에 몸이 마르기만을 기다려야할까,

mm 20.09.06

축축해..

아니면 그 전에 파도를 막는 방법을 깨달을 수 있을까.

♪♫

#92.
99%의 완벽함

Getting Better

어느 것에도 만족하지 못하고 완벽을 추구하니
지치고 예민해지는 거에요.

더 잘해야돼   아직도 부족해

완벽하지 않으면 타협하는 것 같아요

타협하는게 어때서요?

저에게 타협은 부정적인 의미에요.
핑계대고, 지는 것 같아요.

몰라! 나 바빠!
안해 몰라 !!

음, 예를 들어볼게요.
혹시 최근에 김밥 먹은적 있어요?

오늘 점심에
먹었는데요?

그 김밥이 엄선된 최고급 재료로 만들어졌나요?
그렇지 않아도 맛있지 않았어요?

... 맛있었죠

정말 '완벽한' 김밥이 있을까요?
오늘처럼 '만족스러우면' 되는 거에요.

맛있었다!!

100% 완벽한 것은 없어요.

김밥이
완벽할수
있을까요?

영원히 99.999%인
존재하지 않는 완벽함을 위해

완벽함

민이씨는 본인의 99.999%를 쏟아내고 있는 거에요.

완벽함

낑낑

우울증
그려보기
-MIN
Drawing Your Depression

우울증을 그려보는 getting better 작가 민입니다. 아직 작가라는 호칭이 어색합니다. 예술과는 멀기만 한 평범한 직장인인 제가 인스타그램에서 작가님이라는 호칭으로 많은 공감과 위안을 받게 될 줄은 상상도 못 했습니다.

저에게 우울증은 갑자기 찾아온 것은 아닙니다. 항상 근처에 머물고 있었던 것 같습니다. 예술도 마찬가지입니다. 아주 어릴 때부터 달력을 찢어 뒤집어놓고 하루 종일 그림을 그렸던 기억이 납니다. 현실적인 이유로 예술을 포기하고 취미생활로도 멀어졌지만, 마음 한편에는 늘 그림, 예술이 함께 했습니다.

그리고 정신과를 다니기 시작한 어느 날, 나의 우울증이 좋은 소재라고 생각했습니다. 그저 일기처럼 누가 봐줄 거라고 전혀 생각하지 않고 우울증을 그리기 시작했습니다. 하지만 변화는 놀라웠습니다.

사실 처음에는 의심이 들었습니다. 익명의 공간에서 얼마나 진실한 반응을 얻을 수 있을까 생각했죠. 의심은 몇 달 만에 사라졌습니다. 많은 분들이 제 이야기에 공감하고, 고마워하고, 위로를 받았습니다. 저 또한 그 진심이 담긴 반응에 혼자가 아니라는 위안을 받았고요. 그 분들이 늘 제 곁에 머물러 주는 따뜻한 느낌을 받았습니다. 멀리 있었지만 마음 한편에 숨어있던 예

술처럼, 저를 위로해주는 분들도 익명으로 숨어있지만 사실은 힝상 가까이 계셨던 것 같습니다.

저는 늘 김정을 통제하고 억눌러 건강한 감정 표현을 잘 못 합니다. 감정은 물풍선처럼 부풀어가다가 펑 터지곤 했습니다. 웹툰은 꽉 막힌 감정을 자유롭게 표현하게 해줍니다. 엉켜있는 감정을 풀어내고, 힘들었던 과거의 일도 차분하게 그려낼 수 있습니다. 예술은 가득 찬 물풍선에 작은 구멍을 내어 감정이 조금씩 흘러나오게, 풍선이 터지지 않게 해줍니다.

한때 웹툰을 그리기 시작한 이유는 무엇일까, 고민에 빠진 적도 있습니다. 목적이 없다면 웹툰을 그릴 이유도 없다고 생각했죠. 하지만 지금은 다릅니다. 달력 한 장을 뒤집어놓고 환상의 나라로 떠나던 어릴 적 저처럼, 거창한 목적이 없어도 그저 즐길 수 있다면 그게 예술활동이지 않을까 생각합니다.

getting better 라는 웹툰 제목처럼 저는 괜찮아지고 있는 중입니다. 여전히 오르락내리락 하면서 넘어지기도 하지만, 아주 조금씩 느리게 나아지고 있습니다. 그리고 제 웹툰에 천천히 다가와 주시는 분들도 마찬가지였으면 좋겠습니다. '괜찮음'에는 끝이 없듯이 모든 분들이 조급하지 않게 천천히, 느리지만 결코 멈추지 않고 매일 조금씩 괜찮아지길 바랍니다. Ⓜ

사랑을
너무 사랑해서

-다홍

Loving 'Love' Too Much

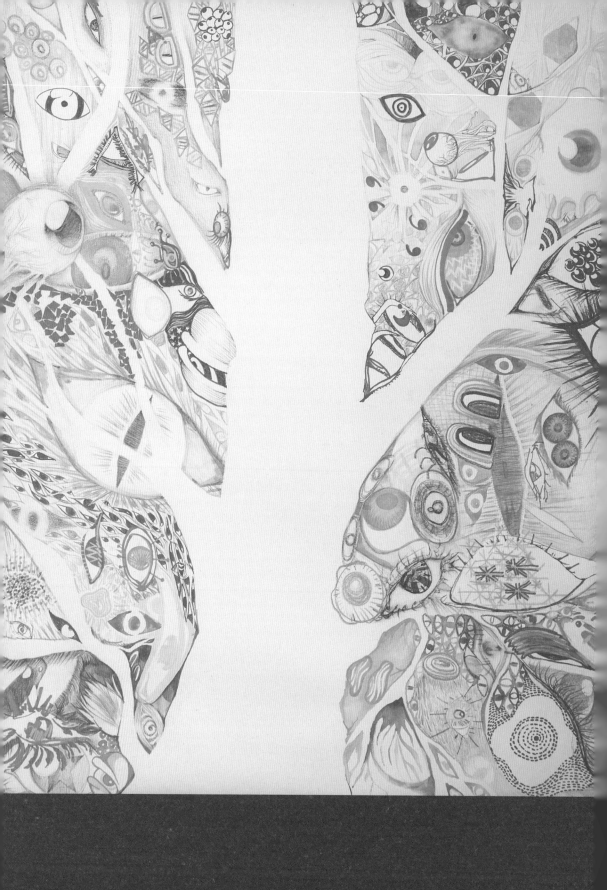

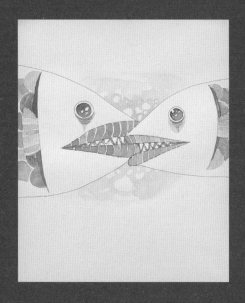

저는 민감하고 까다로운 기질을 가지고 태어났고 거기에 여러 가지 환경적 요인들이 더해지면서 정신질환을 앓게 되었어요. 제가 태어난 후의 첫 기억이 청결에 대한 강박이었으니 아주 어렸을 때부터 특성불안을 가지고 있었던 셈이죠. 태어날 때부터 지니고 있던 소인들이 어떤 사건들이나 환경적인 부분들에 의해 발병했고 내부적으로 겪거나 외부적으로 드러나는 증상들 또한 역동적으로 변모해 왔다는 생각이 들어요. 정신의학적인 첫 진단명은 주요우울장애였고 그 간의 숱한 치료자와 치료 장면을 거치면서 강박증, 불면증, PTSD, 공황장애, 사회불안장애, ADHD, 신체화나 식이장애, 심할 때는 망상이나 환청, 환시, 환후 등 정신병적 징후들까지 진단받아 왔습니다. 진단명들이 바뀌거나 추가될 때마다 그 진단명들이 곧 저의 전부를 설명하는 것처럼 느껴지곤 했어요. 그에 대한 반감도 있었고요. 진단명이란 건 분명 정신질환자를 효율적으로 치료하기 위해 임의적으로 분류한 카테고리들에 불과할 텐데 오히려 그런 낙인들이 저 스스로를 포함한 주

변 사람들의 시선에 움츠러들게 만들었던 것 같았거든요.

생각이란 걸 조금씩 하기 시작할 무렵부터는 그림이나 글을 쓰곤 했어요. 말을 하는 것이 어려웠기 때문에 무의식적으로 다른 배출구를 찾았던 것 같아요. 특히 꿈이나 깨어있을 때도 번뜩 떠오르는 환시, 백일몽, 공상 같은 것들에 압도되는 느낌이었고, 지금 생각해보면 그때의 글이나 그림들은 어떤 의지를 가지고 하려는 것이 아니라 토하거나 배설하는 일에 가깝지 않았을까 싶어요. 당시에는 이런 감각이나 이상한 생각, 떠오르는 이미지들에 반복적으로 등장하는 공통적인 요소들이 있다는 걸 어렴풋이 느끼곤 했어요.

첫 진단명을 받은 지는 16년이 지났는데, 아무리 치료를 받아도 나아질 기미가 보이지 않았고 중간에는 치료를 임의적으로 중단했던 기간도 있어요. 병을 버려내는 것이 전부인 삶에서 의미를 도저히 찾을 수가 없었기에 지푸라기라

도 잡는 심정으로 심리학 공부를 시작했었는데 어느덧 지금은 여러 예술치료 분야에 관심을 두고 본격적인 공부를 하고 있습니다. 막 석사 과정을 시작했을 무렵 칼 융(Carl Jung)의 분석 심리학을 접하게 되었는데, 상징성이나 영성에 대한 그의 생애와 연구가 굉장히 흥미로웠어요. 외적인 환경이나 사건들로는 설명할 수 없었고 외부로부터 고립되어 의미가 없던 제 삶과 내면적 사건들을 하나의 내러티브로 엮어주는 어떤 렌즈를 찾은 느낌이었거든요. 마치 지금의 저와 과거의 저를 하나로 관통하는 터널 같은 것이 뚫린 것 같았어요. 그의 이론으로 비추어 봤을 때 이미 죽어버린 과거의 유품이라 여겼던 제 글이나 그림들이 모두 의미를 갖고 살아 숨 쉰다는 감각을 느꼈고요. 의학적 진단명 말고도 다른 관점에서 나를 설명하면서 외부와 소통될 수 있는 또 다른 언어를 갖게 된 셈입니다.

융이 말했듯 내면의 창조성을 외적으로 승화시키는 예술작업이 그 자체로서 치유력을 가지고 있다는 말에 동의합니다. 생으로 체감했기 때문에요. 하지만 모든 예술 작업이 치유적인 기능을 하는 건 아니라고 생각해요. 저 역시 상담을 받고 있는데, 이런 고민을 하다 보면 그 선생님께서 던지셨던 질문이 생각나곤 했어요.

"모든 예술이 치유적이라면, 오늘날 위대하다고 일컬어지는 수많은 예술가들은 왜 자살할 수밖에 없었을까요?"

현재로써 제가 그 질문에 어설프게나마 내린 답은 '관계'나 '소통', 사랑' 같은 것들입니다. 예술치료의 핵심은 단순히 예술을 함으로써 치료되는 것이 아니라 예술적인 것을 매개로 한 '관계'라고 생각하거든요. 예술치료사와 내담자, 내담자가 현시한 작업물의 세 가지 요소들이 복잡하고 유기적인 상호관계를 맺고 소통하는 과정에서 일어나는 변화 같은 것들이 치유기제가 된다는 이야기를 접한 적이 있어요.

저는 한때 '사랑'이라는 단어를 발음하지 못했던 사람입니다. 제가 사랑이라고 생각했던 것들이 저를 고통 속으로 내몰았기 때문에 저도 모르게 사랑은 위험하고 해로운 것이라고 여겼나 봐요. 예술치료를 공부하고 내담자들을 만나면서 나 스스로가 타인에게 줄 수 있는 좋은 것이 무엇인지에 대한 깊은 고민이 있었고 공부를 시작할 즈음 인간 내면의 영적인 부분들에 대한 호기심에서 출발한 질문이 제게 나름대로의 해답을 던져준 것 같습니다.

어떤 사람들에게는 이상하게 들릴 수도 있는 이야기라는 것을 알지만 '나를 무조건적으로 사랑해주는 어떤 거대한 존재가 있다'는 가정을 해 보기 시작한 이후부터 무겁게 쌓여있던 것들을 조금씩 흘려보낼 수 있게 되었고, 길었던 또 하나의 커다란 주기가 끝을 맺고 새로운 주기가 시작되었다는 것을 느끼는 요즘입니다. 한때 죽어있는 것만 같았던 제 시계도 나름의 리듬을 서서히 찾아가고 있고요. 사랑을 증오할 수밖에 없었던 건 사랑을 너무 사랑하고 원했기 때문이라는 것을 이제는 받아들일 수 있게 되었어요. Ⓜ

Interview

당신의 지금은 어떤가요?
〈마음 연구소〉
-박근환

How Is Your Mind Now?
- Mind LAB

운영 중인 '마음 연구소' 채널 잘 보고 있습니다. 채널 소개 부탁드려요.

'마음 연구소'는 상처받은 사람들을 위한 공간이에요. 누구든 자신만의 아픔이 있지만 많은 사람들이 그 아픔을 감추고 누르며 살아가게 되는 것 같아요. 그럴 때 혼자여도 괜찮으니 잠시 평온한 곳에서 바람 쐬며 나를 토닥여 주고 예술 작품을 보면서 내 감정도 따뜻하게 바라봐 주는 그런 시간을 가지면 어떨까요? 인간관계에 힘듦을 느끼고 반복되는 일상에 지쳐버려 잠시 혼자만의 쉼이 필요할 때 함께하는 채널이면 좋겠어요.

다양한 유튜브 콘텐츠 중 자연과 예술을 선택하게 된 이유와 콘텐츠 선택의 기준이 있는지 궁금합니다.

전시를 검색하거나 SNS에서 정보를 얻고 있는데 사진 찍어서 SNS에 올리는 게 주된 목적인 전시는 지양하려고 해요. 제 채널이 조금 심심하더라도 자연과 예술을 통해 쉼을 나누는 공간이었으면 좋겠어요. 자연과 예술은 제가 다가가면 느낄 수 있는 것들이에요. 자연은 늘 그곳에 존재하고, 예술은 정제된 표현이라고 생각해요. 잘 다듬어진 느낌이죠.

마음에 평온과 쉼을 나누는 공간을 운영 중이신데 개인적인 경험에서 시작하게 되었나요?

작년에 친형의 죽음을 겪게 됐어요. 어릴 적 저희 집은 아버지가 빈손으로 올라와서 가족을 책임져야 했기 때문에 가정 형편이 어려웠는데 그런 이유로 친척들이 저희 집을 무시하곤 했어요. 주변의 영향을 많이 받을 나이에 가족들이 무시를 당하다 보니 사람을 어려워하는 성향으로 자랐는데 그걸 잘 이끌고 자존감을 북돋아 준 게 형이었어요. 남자 형제인데도 불구하고 같이 여행도 많이 다니고 한 시간씩 전화 통화를 할 수 있는 형은 저에게는 친구이면서 조언자였어요. 참 각별했죠. 그런 형이 바지선에서 일을 하다 숙소에서 잠든 채 급성심근경색으로 갑작스럽게 유명을 달리했어요. 그 이후로 안 좋은 생각을 많이 했어요. 내 목숨도 내놓을 수 있을 정도로 사랑했던 형이 너무 쉽게 사라져 버리니 삶의 의미가 없어지더라고요. 죽음에 대한 두려움이 없어지고 오히려 이 현실을 벗어날 수 있으면 좋은 게 아닌가 싶은 나날들이 지속됐죠.

어떻게 극복하셨나요?

부모님이 무너지니 어떻게 할 수가 없었어요. 누군가는 버팀목이 되어야 했죠. 제 마음은 전혀 나아지지 않았지만 이런 이야기를 남들에게 하고 싶지 않았어요. 한동안 술을 많이 마시면서 조용히 지냈어요. 그러다 외출을 하게 되면 밖에서 몇 시간 동안 아무 생각 없이 앉아있었는데 저는 그게 위안이 되더라고요. 공허한 마음으로 산책을 다니다 보고 있는 것들을 촬영하게 됐어요. 제가 본 것들이 누군가의 위로가 될 수 있지 않을까 하는 마음으로 시작했어요.

나만의 시간을 가지면서 느끼게 된 것들이 많은 것 같아요.

네. 하지만 지금도 삶의 포커스는 부모님 케어에 맞춰져 있어요. 부모님 때문에 제가 방 안에서 나올 수 있었지만 양날의 검이라고 생각해요. 가족을 지켜서 좋은 것도 있지만 무거운 책임감이 저를 짓누르더라고요. 제 상처를 돌볼 겨를이 없었죠. 다행히도 형제처럼 지내는 친구 하나가 저를 많이 다독여 줬어요. 이제는 너무 치열하지도 너무 좋은 일을 바라지도 않고 그저 아주 나쁜일이 없길 바라고 있어요.

병원을 가거나 우울증 약을 먹은 적도 있나요?

처음에는 아버지가 너무 힘들어하셔서 병원을 다니며 상담치료를 받으셨어요. 아버지 권유로 저도 가게 되었어요. 불면증이 생겨서 상담을 받고 약을 먹었었는데 약이 저를 느슨하게 만들면서 어느새 면역이 생기더라고요. 저는 크게 도움을 얻지는 못했어요.

본업과 병행 중이신 걸로 알고 있는데 주기적인 콘텐츠를 제공하는 게 힘들지 않으신가요?

재미있어요. 우선 시간적인 여유가 허락해요.(웃음) 일은 익숙해지고 면역이 생기더라고요. 예전에는 뭐든

잘해야 한다고 생각했는데 지금은 할 수 있는 선 그 이상으로 저를 몰아세우지는 않으려 해요. 직장인이다 보니 주말에 여행을 가거나 전시를 보러 가고 있어요. 요즘에는 주말이 기다려져요. 어디를 갈지 어떤 것들을 볼지.

예술, 자연을 소개하고 있는데 구독자들에게 전하고 싶은 이야기가 있다면.

퇴근 후 잠들기 전에 볼 수 있는 부담 없는 영상으로 힘든 일상을 보낸 사람들에게 일상의 편안함을 주고 싶어요. 아직은 촬영도 핸드폰으로 하고 편집도 공부해가면서 제작하기 때문에 거창한 뜻은 없어요. 그저 제가 받은 위로를 전하고 싶을 따름이에요.

추천하고 싶은 전시가 있나요?

요즘에는 미디어 전시기 많아요. 미디어 진시의 장점은 아이들이 좋아해서 가족 관람을 하면 좋다는 점이죠. 최근에는 제주도에 위치한 '아르페 뮤지엄'에 다녀왔어요. 서울 코엑스 전광판에 파도 영상 'WAVE(웨이브, 파도)'로 알려진 디지털 디자인 업체 '디스트릭스'가 몰입형 미디어아트 전시관으로 만든 곳인데 이곳에서 실감 나는 파도의 움직임과 장엄한 폭포를 볼 수 있었어요. 해외는커녕 여행조차 엄두가 안 나는 시기에 잠시나마 휴식을 취할 수 있는 전시였어요.

앞으로 더 보여주고 싶은 콘텐츠나 방향성이 있는지.

책 소개를 준비하고 있어요. 제가 책 읽는 걸 좋아하는데 베스트셀러보다는 고전이나 철학적인 메시지가 있는 책을 소개하려 해요. 첫 번째 책은 프랑스 철학자이자 소설가, 극작가인 사르트르의 〈닫힌 방, 악마와 선한 신〉이라는 희곡이 될 것 같아요. 많은 사람들이 알고 있는 "타인은 지옥이다"라는 말이 이 책에서 유래됐죠. 더불어 〈이방인〉이라는 소설을 계획하고 있어요. 앞으로도 꾸준히 자연과 예술이 함께할 예정이에요. 제 치유의 경험이 누군가에게 조금이나마 위안이 되길 바라며. Ⓜ

리틀 포레스트

사과나무 동아리

Little Forest

경희대학교 창업동아리 사과나무가 진행한 두 번째 작업 〈리틀 포레스트〉는 버려지는 도예 작품을 리사이클링 해서 화분으로 제공하는 프로젝트다. 도자기에 동봉된 바질 씨앗을 심으면 식물은 생명을, 용기는 쓰임을 얻는다. '우울하다고 불행한 것은 아니다'라는 동아리의 메시지가 고스란히 담겼다. 멤버 '고슴도치'와 '다람이'를 만나 그들의 작은 숲에 대한 이야기를 들었다.

사과나무동아리는 어떻게 만들어졌나요?

고슴도치　원래 동아리로 할 생각이 아니라 일시적인 모임으로 시작이 된 거였어요. 2019년 말쯤에 제가 횡단보도를 건너려고 하다가 문득 뛰어들고 싶다는 충동적인 생각을 했어요. 당시에 우울증, 불면증으로 굉장히 힘들어서 병원에 다니고 있었는데요. 이 힘든 마음을 혼자 갖고 있지 않고 다른 사람들과 나누고 나같이 힘든 대학생들에게 도움이 될 수 있는 일을 하고 싶었어요. 당장 죽는다고 해도 후회하지 않을 일을 만들고 싶다는 생각도 들었고요. 유언장을 남긴다고 생각해보고 용기를 내서 학교 게시판에 우울증을 주제로 함께 일해 볼 사람들을 구하게 됐어요.

현재 진행 중인 프로젝트는 무엇인가요?

고슴도치　'리틀 포레스트'라는 컨셉으로 B에서 D급 도자기 작품들을 모아 리폼하고 화분으로 재사용하는 프로젝트에요. 경희대징힉사업 창업부문에 선정 돼서 받은 지원금으로 도예 작가님들에게 비용을 지불하고 폐기될 작품을 가져와요. 거기에 타공을 해 물구멍을 만들고 바질 씨앗을 동봉해 DIY화분으로 제공해드려요. 흠이 있는 그릇들이지만 서울여성공예센터 작가님들의 개성은 여전히 남아 있어요. 무엇보다 우리가 우울증을 갖고 있듯이 결점이 있지만 여전히 쓸모 있을 수 있다는 메시지를 전하고 싶었어요.

리사이클링 아이디어는 어떻게 떠올리게 됐나요?

다람이　제가 도예과라서 도자기를 만드는데요. 작업실에 가면 예쁜 도자긴데 흠이 있어서 버려질 수밖에 없는 애들이 무더기로 쌓여 있어요. 그걸 보고 걔네들과 저를 동일시하는 감정을 느꼈어요. 고생해서 만들었고 괜찮은 작

품들인데 흠이 있어서 버려진다니, 그럼 나도 흠이 있는 사람인데 버려질 수밖에 없는 건가 하는 생각을 했던 것 같아요. 걔네들로 새로운 가치가 있다는 걸 증명해보고 싶었고 공감을 받고 싶기도 했어요.

멤버들을 동물 캐릭터로 표현했는데 어떻게 만들어졌나요?

고슴도치 처음에는 우울증에 대한 각자의 이야기를 담은 사과나무 단편집을 만들었어요. 글을 쓸 때 각자 익명으로 고유성을 드러낼 수 있는 게 뭘지 고민했어요. 그러면서 각자가 자신을 표현할 수 있는 동물 캐릭터를 고른 거죠. 이 캐릭터들은 화분 세트에 전사지로도 들어가고 있어요.

프로젝트 진행하면서 어려운 점은 없었나요?

다람이 일단 프로젝트를 한다는 것 자체가 일이 생기는 거니까 일에 대한 스트레스는 어쩔 수 없었어요. 그래도 도예 작가님들에게 저희 의도가 전달이 되고, 화분 구매를 통해서 후원을 해주신 분들을 보면서 나의 감정이 전달될 수 있구나 하는 신기함을 느꼈어요.

개인적으로 가장 힘든 때는 언제였나요?

고슴도치 저는 조울증과 불면증이 있어서 많이 예민해요. 몇 년 전에 한계가 왔어요. 관계에 있어서 제가 어느 정도까지는 책임을 지고 대처를 할 수 있었어요. 어느 날부터 누군가 저에게 몰아붙이거나 화를 내면 생각이 나가버리는 경험을 했어요. 더 이상 생각을 할 수도 없고 받아들이거나 대처를 할 방안도 없이 울기만

했어요. 결국 가족들에게 밝히고 2년 정도 적극적으로 병원을 다니면서 나아졌어요.

다람이 저는 불면증과 불안이 심했어요. 진단서에서는 조울증으로 나왔고요. 예전에 지하철을 기다리는데 3분 안에 온다고 알림 방송이 나왔어요. 근데 가만히 3분을 있는 게 너무 힘들게 느껴졌어요. 계속 끝에서 끝으로 걸어 다니고. 이상하잖아요. 지하철을 타서도 똑같았고요. 지금은 많이 나아졌는데 그때는 왜 그랬는지 모르겠어요.

동아리를 진행하면서 어떤 점이 도움이 된 것 같나요?

다람이 자조모임이라는 측면에서 봤을 때 도움이 됐던 것 같아요. 제가 이런 일을 겪고 있다는 걸 부모님도 모르셨거든요. 모르는 친구들도 많았고요. 우울증이라는 걸 터놓고 같이 일을 하는 공동체가 있다는 게 굉장히 새로웠고, 이게 아무것도 아닌 일이 되는 게 좋았던 것 같아요. 우울증에 대해서 깊게 파고들어 해결해 나간다기보다 같이 모여서 '뭘 해볼까' 하는 가벼운 마음으로 뭔가를 할 수 있다는 게 좋았어요. Ⓜ

내 손안의 작은 상담소

-김유진 대표

A Little Counsellor In My Hand

따뜻한 관심에는 언제나 질문이 앞선다.
오늘은 어땠는지, 지난 일은 괜찮은지, 아프진 않은지.
물어오는 사람을 만날 때 우리는 조금 더 살고 싶어진다.
상담심리사가 할 수 있는 가장 위대한 일 역시 상대방에 대한 온전한 질문일지 모른다.
마인드웨이 김유진 대표는 그 다정함을 책으로 옮겼다.
시리즈 워크북 〈어른이를 위한 신비한 상담소〉는 문득 질문이 고플 때
가방 속에서, 서랍 속에서, 책장 속에서 문을 활짝 열고 당신을 초대한다.

마인드웨이는 어떻게 시작됐나요?

대학교 때부터 심리상담을 전공하면서 자연스럽게 '몸이 아프면 병원에 가듯이, 마음이 아프면 상담소에 가는 게 당연하다'고 생각을 했는데요. 막상 제 주변을 보면 사람들은 심리상담의 문턱을 아주 높게 느끼고 있더라고요. 제가 상담학과다 보니까 많은 사람들이 저한테 상담을 어디서 받을 수 있는지 물었지만, 정작 여러 가지 이유로 상담소를 가지 않고 마음의 상처를 짊어지고 있었어요. 그래서 학부 내내 '심리상담의 높은 문턱을 어떻게 해결할 수 있을지'를 고민하다가, '어렸을 때 하던 구몬 학습지나 눈높이 학습지처럼 집에서도 마음을 돌볼 수 있는 마음학습지가 있으면 좋겠다.'라는 생각이 들어 마음 워크북을 만들었어요. 그리고 실제 사용자들의 후기나 만족도 결과를 보면서 이런 심리 콘텐츠가 세상에 꼭 필요하단 생각이 들었어요. 지속적으로 이 일을 하고 싶다는 생각이 들어 심리상담 콘텐츠 회사인 '마인드웨이'를 시작하게 되었습니다. 참고로 마인드웨이는 사람들의 마음의 길을 함께 걷고 싶다는 의미로 지은 이름이에요.

지금까지 어떤 활동을 했나요?

대학생 때 우울한 대학생을 위한 체험 전시를 기획하고 운영해보기도 하고, 우울, 연애, 행복 등 다양한 주제의 집단상담 프로그램을 만들어서 진행도 했었어요. 또 상담자를 빠르게 찾을 수 있는 심리상담 플랫폼을 기획하기도 했습니다. 올해는 마인드웨이라는 팀을 만들어서 〈어른이를 위한 신비한 상담소〉 '나다움' 편, '인간관계' 편을 제작했어요. 〈어른이를 위한 신비한 상담소〉는 집에서도 상담을 받는 경험을 할 수 있도록, 글쓰기치료와 동화치료를 접목해서 만든 셀프 케어북이에요. 사람들이 동화 속 주인공에 이입해서 마음을 돌보는 여행을 떠날 수 있도록 만들었어요.

시리즈 마음워크북 첫 번째 '나다움' 편과 최근 발행한 '인간관계' 편은 각각 어떤 점에 주목했나요?

나다움 편은 '나를 알고 싶은 어른이'를 위한 마음워크북이고요. 타인이 보기에는 괜찮은 삶을 살면서도 왠지 모를 무기력함을 느끼고, 정작 자신이 어떤 사람인지 모르겠어서 길을 잃어버린 느낌을 받는 어른이를 위해 만들었어요. 인간관계 편은 '인간관계 속에서 더 행복해지고 싶은 어른이'를 위한 마음워크북이고요. 그동안의 인간관계를 돌아보고 앞으로 관계 속에서 좀 더 행복하게 살 수 있는 방법을 찾을 수 있도록 제작했어요.

워크북의 기반이 되는 글쓰기치료, 독서치료는 어떤 치료 방법론인가요?

글쓰기치료는 글쓰기를 통해 마음의 상처를 돌보며 치유할 수 있는 방법이에요. 글을 쓰기 위해서는 자신과의 대화가 불가피한데 글쓰기 치료를 통해서는 자신과 대화를 나누며 자신을 돌아보고, 자신을 정리하고, 자기 안에 있는 답을 찾게 됩니다. 실제로 글쓰기 치료의 많은 연구들은 사람들이 글을 쓰는 동안 즉각적으로 스트레스가 줄어들고, 장기적으로 보았을 때 글쓰기 전보다 후가 더 행복하고 삶의 질이 향상되었다고 이야기하고 있어요. 독서 치료는 자신을 이해하는 과정인 독서를 스스로 문제를 해결해가도록 돕는 상담에 도입한 방법이에요. 자신의 삶과 유사한 인물의 이야기를 읽고, '아 이런 문제를 경험하는 게 나만이 아니구나' 라며 보편성을 인식하고, 글이나 그림을 통해 자신의 감정을 표현하고, 통찰을 얻는 치료 방법이죠.

심리상담에 관심을 가지게 된 계기가 있었나요?

저는 원래 문예창작학과를 들어갔는데 1학년 때 대학교 도서관에서 〈프로이트의 의자〉라는 책을 읽고서 뜬금없이 상담학을 배우겠다고 수능을 다시 본 케이스예요. 무슨 자신감이었는지 모르겠는데 입학원서도 상담학과가 있는 대학교 딱 하나만 넣을 정도로 심리상담을 배우겠다는 의지가 강했어요. 왜 그랬는지를 돌아보면 당시 그 책을 읽는 것만으로 과거의 저를 위로해 줄 수 있었고, '아, 내가 상담을 이전에 알았더라면 과거의 내가 좀 더 행복하지 않았을까?'라는 생각이 들었던 것 같아요. 당시에는 그냥 이런 배움이 있다는 사실이 충격적이었어요. 그때부터 심리상담을 공부하고 세상에 선한 영향력을 전달하고 싶다는 생각을 하게 되었죠. 재밌는 건 지금 하고 있는 일이 동화를 창작해서 마음을 돌볼 수 있도록 가이드를 제공하는 거라서 과를 바꾸긴 했지만 문예창작과 상담을 잘 융합해서 일하고 있다는 생각이 들어요.

만들면서 어려운 점은 없었나요?

동화를 만들 거면 동화만 만들고, 활동지를 만들 거면 활동지만 만들면 수월할 텐데, 동화와 활동지를 자연스럽게 잘 합치고 그걸 3주짜리 과정으로 만드는 게 어려울 때가 있어요. 사람들이 동화 속 주인공이 된 느낌과 함께 실제 도움도 받아야 하니까요. 그래도 점차 노하우가 쌓이고 있습니다.

독자 분들의 반응은 어떤가요?

정말 많은 분들이 '심리상담을 받고 싶었지만 금전적인 문제나 시간이 없어서 못 받고 있었는데 덕분에 마음을 치유할 수 있었다', '심리상담을 받아본 적이 있는데 신비한 상담소를 마치고 나면 그때와 정말 비슷한 느낌을 받는다는 게 신기하다' 이런 말씀을 해주세요. 감동적으로 다가오는 후기들을 많이 받는 편이에요.

어떤 사람에게 추천하면 좋을까요?

저희가 애초에 콘텐츠를 만들기 시작한 이유는 심리상담소의 문턱이 높아 마음을 돌보지 못하는 사람들을 위함이었어요. 누구보다도 마음이 힘들지만 심리상담이 주저되는 사람들, 그동안 자신의 마음을 돌보지 못했던 사람들에게 추천하고 싶어요.

마인드웨이가 전하는 메시지가 있다면 무엇인가요?

'오늘은 어제보다 더 나은 마음이길' 이라는 메시지요. 콘텐츠를 기획하고 검토하면서 '정말 이 콘텐츠를 통해 집에서 심리상담을 받는 것처럼 사람들이 도움을 받을 수 있을 것인가.'라는 질문을 수백 번도 더 던져요. 누군가는 정말 지푸라기를 잡는 심정으로 이 콘텐츠를 집어 들었을 텐데 그 사람들이 신비한 상담소를 통해 자신을 알게 되고, 자기 안에 있는 답을 찾게 되고 또 누군가가 자신을 진정으로 위로하는 느낌이 받아서 조금 더 마음이 나아질 수 있다면 좋겠다는 그런 마음을 콘텐츠에 담아 전달하려고 하고 있습니다.

출판 이외에 다른 활동을 계획하고 있나요?

당장은 〈어른이를 위한 신비한 상담소〉로 집단상담 프로그램을 진행할 예정이에요. 혼자서 마음워크북을 사용하기 어려운 사람들이나 누군가와 함께 마음을 나누고 싶은 사람들을 위한 프로그램이고요. 또 시리즈를 몇 개 낸 이후에는 동화 속 〈신비한 상담소〉에서의 경험을 오프라인에서도 직접 경험할 수 있도록, 체험형 전시도 만들고 싶어요. 아이디어는 정말 많고, 하고싶은 기획노 정말 많습니다.

세 번째 마음워크북은 어떤 주제를 다룰 예정인가요?

세 번째 마음워크북 주제는 저희 마음탐험가들에게 지금 내게 가장 필요한 주제가 무엇인지 설문 조사를 한 뒤에 결정할 예정입니다. 지금까지 나다움, 인간관계 편을 만든 것도 설문결과 사람들이 가장 원했던 주제를 차례대로 만든 거예요. 저도 지금 마음탐험가에겐 어떤 주제의 치유가 가장 먼저 필요할지 궁금해요. Ⓜ

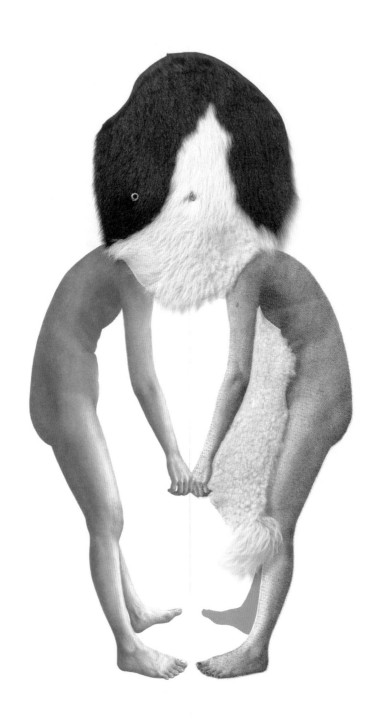

상냥한 털 끝의 위로

황혜정

Touching Hair to Bring Comfort

예술이 할 수 있는 일들 중 하나는 기억에 색을 입히고 형태를 만들어낼 수 있다는 게 아닐까.
무엇을 보고 기억하느냐가 아니라 어떤 걸 느끼냐에 따라 그림은 다른 온도와 표정으로 우리 앞에 나타난다.
불현듯 떠오른 기억 앞에서 도무지 어떤 표정을 지어야 할지 모를 때,
베개에 얼굴을 파묻거나 가면 속에 표정을 숨기고 싶을 때
한 점의 그림이 위로가 될 수 있다면
우리는 오래된 추억을 떠올리는 힘으로 다음 발자국을 내디딜 수 있을지 모른다.
그림 앞에서 위로 받고 싶은 날,
황혜정 작가는 때로는 까슬까슬하고 때로는 푹신하고 보드라운 털로 위로와 금기, 욕망을 전한다.

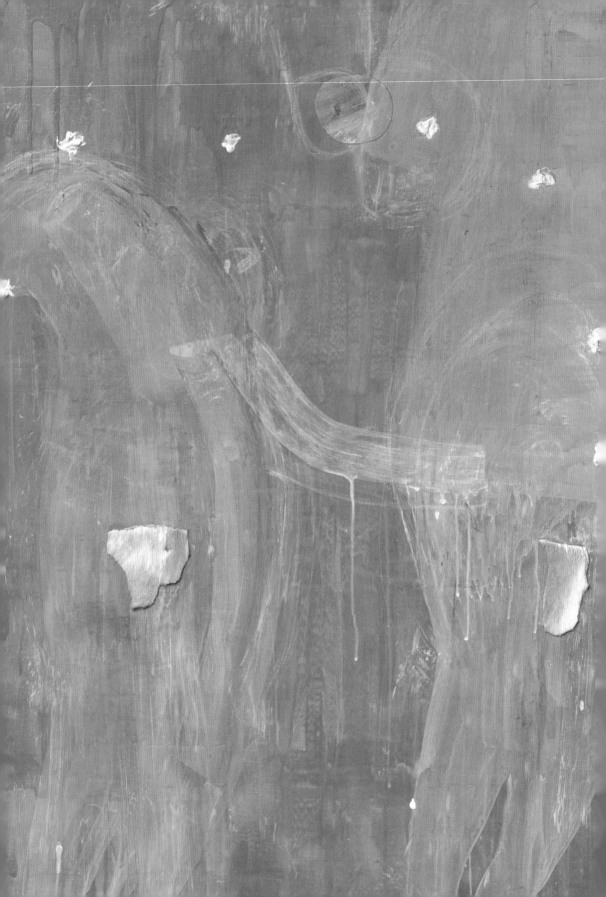

좌우
pat me until i am satisfied

드로잉, 회화, 설치 등 다양한 장르의 작품을 선보이고 계시는데요, 어떤 계기로 작가가 되었나요?

어렸을 적부터 만들고 그리기를 좋아했어요. 특별한 계기는 기억나지 않지만 지금 생각해보면 나를 좀 더 알고 싶을 마음으로 작업을 시작했던 것 같아요. 작업을 하면서 스스로 몰랐던 나를 많이 알게 됐죠.

작업의 영감은 주로 어디서 얻는지.

여러 기억, 생활 속에서의 촉감, 질감에서 많은 영감을 받아요. 푹신한 베개에 얼굴을 파묻을 때, 부드러운 살결이 닿을 때, 까슬까슬한 털들을 마구잡이로 비빌 때 혹은 지나가다 본 공사장의 거친 외벽과 같은 개인적인 경험들이 작업으로 표현되죠.

'예술가'라고 하면 상당히 비범한 직업이라는 느낌이 드는데 어떤가요?

예술가는 남들과 다름을 무기로 살아가는 사람이라고 생각해요. 끊임없이 새로운 것으로부터 영감을 받고 남들과는 다른 재료, 표현 방법을 통해 자신만의 개성을 보여줘야 하죠. 학생 때는 새로운 영감을 찾아 강의를 빠지고 즉흥적으로 바다에 가는 친구가 예술가 같다고 생각했어요. 어릴 적 경험한 상실의 아픔을 주제로 작업하는 친구가 부러웠던 적도 있었고요. 시대의 아픔을 나누고 비판하는 작업을 하는 작가들을 보며 진정한 예술가의 역할을 떠올리기도 했어요. 저는 천재도 아니고, 특별한 트라우마가 있었던 것도 아닌 데다 시대에 맞서고자 하는 대범함도 없지만 저만의 기억이 있고 그림을 그리는 사람으로서 이러한 것들을 표현하고 있어요.

작가의 작품은 결국 작가 자신의 이야기라는 말을 들은 적이 있어요. 작가님의 경우도 그런가요?

저는 어릴 적 무엇이든 잘하고 칭찬받길 원하는 아이였어요. 부모님과 사랑하는 사람들의 기대에 부응하고 싶은 마음이 강박적으로 적용되어 누구에게나 좋은 모습만을 보이려고 노력했죠. 그래서 남들과 비슷하거나 남들이 원하는 내가 되기 위해 기준에 부합되지 않는 나의 모습들을 미워하고 지워버리곤 했어요. 하지만 작품 속에서는 내가 아니라고 생각되어 버려지는 것들, 남들에게 들키고 싶지 않고, 인정하기 싫은 나의 모습들이 일종의 금기로 치부되어 일상에서는 사라졌다가 그림 속에서 다시 드러나요. 어떤 행위가 금기라면 그 행위는 이전에 그만큼 강렬한 욕망의 대상이었다는 것을 반증하듯, 작품 안에서 일상의 금기를 깨는 비정상적인 몸들이야말로 어쩌면 내가 가장 바라는 진정한 나의 모습, 나를 위로하는 방법일 수도 있겠다는 생각이 들었어요.

그림을 그리면서 치유의 경험을 한 적이 있는지 궁금합니다.

부정하고 버리려고만 했던 저의 욕망들을 찾아내고 그 존재를 인식하는 것만으로도 위로와 만족감을 얻었어요. 작업은 저에게 일상의 금기를 지키면서 위반을 할 수 있게 해주고, 그로 인해 잃어버렸던 자아를 현실로 되돌려주었죠. 제가 버린 저의 모습들을 바라보기 위해서는 용기가 필요했어요. 소심한 저는 가면을 쓰고 위반의 용기를 얻었죠. 히어로물 보면 평범한 사람이 가면을 쓰고 영웅이 되곤 하잖아요. 마찬가지로 제 작업 속 인체들은 가면을 씀으로써 더 이상 상처받기 쉬운 몸이 아닌 강인한 창조물로 변신해요. 가면의 신성한 지위를 부여받은 몸은 금기를 위반할 수 있는 저항력과 진실(진짜 나)을 볼 수 있는 용기를 얻게 되죠. 제 그림을 보는 분들에게도 그 용기와 위로를 전하고 싶어요.

일반적으로 볼 수 있는 캔버스에 물감으로 그린 그림이 아니라 작품에 실제 털이 붙어 있네요. 소재가 흥미로운데요, 이에 대한 이야기가 궁금합니다.

첫 '털'의 기억은 눈썹이에요. 어릴 적 눈썹을 만지던 습관이 지금도 이어지고 있는데 때론 아프기까지 하고 남에게 말하기 부끄럽지만 멈출 수 없는 눈썹은 저의 길티 플레저(guilty pleasure)이죠. 저는 작품에 사용되는 가죽 종이 원단 등의 소재에서 제가 생각하는 털의 속성을 찾고자 해요. 털과 같은 촉각적 자극으로부터 영감을 얻고, 재료로 실제 털을 사용하고 있어서 제가 '털 작가'로 불리고 있어요(웃음). 털은 영어로는 'hair', 'fur' 등으로 번역되면서 사람과 동물을 털로 구분되는데 한국어 '털'은 이 둘을 구분하지 않잖아요. 제 작품 속 털은 잘 다듬어진 인간의 '나'에서 빼꼼 삐져나온 '동물의 털'이에요. 싫어하고 숨기고 싶었지만 어쩔 수 없이 삐져나오는 저의 모습들이죠. 이 털들에게서 저는 위로를 받고 있어요.

섬세하게 표현된 인체 드로잉이나 촘촘하게 붙은 털과 바느질 자국을 보면 작품이 완성되기까지의 과정이 쉽지 않았을 것 같아요. 작가님에게 작업이란.

최근 전시장에 와주신 평론가로부터 부서지기 쉬운, 상처받기 쉬운 이란 뜻의 'fragile'이란 단어를 들었어요. 제 작업을 보고 매우 예민해서 자신을 고통스럽게 하며 작업을 할 것 같다고

하셨는데 작업을 '놀이'라고 정의했던 저한테 문득 작업이 '전투'일 수도 있겠다는 생각이 스쳐 지나갔어요. 제가 버렸던 수많은 '나'와의 조우는 'fragile' 할 수밖에 없고 내가 미워했던 '나'들을 인정하기 전까지는 혼자만의 싸움이 불가피하고 나의 진짜 모습을 찾는 일은 고통일 수 있겠구나 싶더라고요. 그래도 저는 작업을 '놀이'로서 대하려 해요. 인정할 수 없었던 나의 모습들의 등장에 처음에는 상처받을지라도 이것이 지속적으로 적당히 반복이 되다면 놀이가 되진 않을까요. 작업이라는 털 폭력적인 노출 방법을 통해 새로운 나를 발견하면서 희열을 느끼고 그 감정을 오래도록 즐기고 싶어요.

앞으로의 활동 계획이 궁금합니다. 더불어 마지막으로 하고 싶은 말이 있는지.

저는 현재 '카라스 갤러리' 전속 작가로 활동하고 있어요. 저의 둥지와도 같은 곳이죠. 여기서 올해 11월 네 번째 개인전을 마쳤고 내년에도 개인전을 계획 중이에요. 매년 참가하는 해외 아트 페어도 준비 중이고요. 아직 누군가에게 저를 소개할 때 당당히 '예술가'라고 말하기에는 부끄럽고 머뭇거려질 때가 있어요. 하지만 예술가의 삶과는 동떨어져 있다고 생각했던 제가 어느새 즐기면서 작업을 해나가고 있어요. 나의 털이 너의 털들이 되어 자유를 만끽할 때까지 작업을 이어가고 싶어요. Ⓜ

인터뷰
최보람 큐레이터

나는 결국 현실에서 배제되었던 '나'들 과 숨바꼭질 놀이를 한다.
금기된 욕망들을 남들로부터 숨기고 싶다가도 동시에 발각되기를 은근히 희망한다.
사실 숨바꼭질 놀이의 본질도 '숨기'보다는 '찾기'에 있는 것이 아닐까.

pat me until i am satisfied

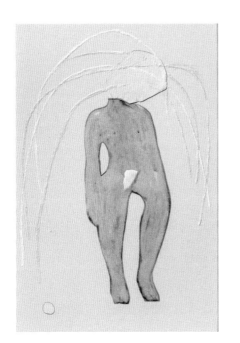
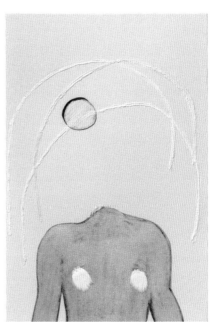

좌우
pat me under the rainbow

Insight.

Interview

나만의 서사를 만드는 방법

-한림대학교 생사학연구소 김혜미 교수-

How To Create Your Own Story

인생이 한 편의 문학작품이라면 우리 모두는 자신의 이야기에 책임을 지는 작가와 다름없다. 때때로 이야기는 예상할 수 없는 방향으로 흐르기도 하고 손쓸 수 없을 만큼 망가지기도 한다. 하지만 엔딩을 쓰지 않았다면 언제든 수정할 수 있다. 이미 완성된 이야기들을 받아들여 적용해 볼 수도 있다. 문학심리분석상담 전문가로 활동하고 있는 김혜미 교수는 내담자가 작품 속의 서사를 만나고 받아들여 변화하게 돕는다. 가장 내밀하고 섬세한 독자가 되어 인생의 이야기를 바라보면 누군가의 서사가 생각보다 절망적이지 않으며 언제나 더 나은 이야기를 예비하고 있다는 것을 알아차린다. 그 사실을 깨달을 수 있다면 누구든 자신만의 서사를 만들어 나갈 수 있다.

간단한 자기소개 부탁드립니다.

김혜미라고 합니다. 문학치료를 전공했고 '한국문학치료학회'에서 문학심리분석상담 자격증을 수료해 활동하고 있습니다. 고전문학을 활용해서 치료를 진행하고 연구도 하고 있습니다.

문학치료라는 분야를 낯설어 하는 분들이 많을 것 같아요.

문학치료라고 했을 때 오해가 많이 있을 거라고 생각해요. "어떻게 문학으로 치료를 하냐", 그런 질문을 굉장히 많이 받아요. 치료라는 개념이 증상이 완전히 없어진다는 뜻이라면 저는 못 한다고 얘기해요. 상처가 없어진다기보다는 '다른 길이 생긴다'라고 말씀을 드려요. 예를 들어볼게요. 저는 지금 한림대학교 생사학연구소에 있는데요. 생사학연구소에서는 자살예방 프로그램을 진행하고 있어요. 어떤 내담자가 '남자친구와 헤어지게 된다면 자살할 거야.'라는 생각을 갖고 있다면 죽겠다는 하나의 가능성만 가지고 있는 거죠. 그런데 자살하지 않고 살 수 있는 다양한 방안들을 작품 속에서 찾을 수 있어요. 저는 그걸 갈등을 감당하는 요소들이라고 말해요. 다른 길이 두 개, 세 개, 네 개로 늘어나면 갈등을 감당하는 길이 네 가지가 되는 거예요. 물론 그 안에는 여전히 자살하겠다는 길이 포함 돼 있어요. 대신 나머지 길, '헤어져도 잘 살 수 있어', '헤어지지 않고도 잘 살 수 있어', '헤어지고 다른 남자를 만날 거야'. 이렇게 선택지가 생기는 거죠. 선택지를 늘려주

는 게 문학치료라고 저는 생각을 해요. 다른 선택의 가능성을 열어주는 서사의 길을 알려주는 거죠.

책을 읽는 사람들은 많지만 작품 속의 서사를 자신에게 끌어오는 건 쉽지 않은 일인 것 같아요. 내담자가 스스로에게 적용할 수 있게 어떻게 도움을 주나요?

보통은 창작을 유도해서 도움을 주고 있어요. 창작에 무게를 두는 이유는 글을 써야 자신 안에 필요한 이야기가 내재화된다고 보기 때문이에요. 자신 안에 없는 이야기는 바깥으로 나오지 않아요. 그러니까 죽겠다는 내용만 쓰던 사람이 어떻게 살 수 있을까라는 글을 쓰기 시작하면 서사가 받아들여지고 있다고 생각할 수 있는 거죠.

치료 프로그램은 보통 어떤 식으로 진행되나요?

저는 주로 4단계로 진행하고 있어요. 첫 번째는 작품을 감상하는 단계입니다. 저는 고전을 전공했고 그중에서도 구비설화를 전공했어요. 그래서 주로 구비문학을 구연해 주는 방식으로 전달해요. 예를 들면 우리 설화 중에 〈내 복에 산다〉라는 이야기가 있어요. 그 이야기를 해볼게요. 어느 부잣집에 세 딸이 살고 있었어요. 어느 날 아버지가 불러서 "너 누구 덕에 먹고 사니?" 물어봤어요. 첫째와 둘째는 "아버지 덕에 먹고 살지요" 했어요. 그런데 셋째 딸은 "내 복에 살지요"라고 대답했어요. 너무 화가 난 아버지가 지나가는 숯구이 장수한테 셋째 딸을 줘

버렸어요. 그랬더니 셋째 딸이 자기 복을 가져 간다면서 쌀 석 되를 가지고 가버렸어요. 숯구 이장수 집에 간 셋째가 어느 날 숯가마를 봤더 니 다 금으로 돼 있었어요. 그래서 남편한테 금 을 팔아오라고 했죠. 금을 모르는 남편이 시장 에 가서 깔아놓았더니 사람들이 다 비웃어요. "쟤 돌 가져와서 판다" 하면서요. 근데 어떤 노 인이 와서 굉장히 비싼 값에 사 갔어요. 금을 알 아본 거죠. 그래서 셋째와 숯구이장수는 부자 가 됐어요. 셋째 딸은 아버지가 분명 거지가 됐 을 거라고 생각했어요. 자기 복이 더 이상 아버 지에게 없으니까요. 그래서 100일 동안 잔치를 열었어요. 생각대로 마지막 날에 거지가 된 아 버지가 찾아왔고 딸과 아버지가 부둥켜안고 같 이 울었죠. 그렇게 같이 잘 살게 됐다는 이야기 입니다. 이 이야기를 듣고 다섯 가지 중에서 선 택하는 거예요. 감동적이다, 흥미롭다, 보통이 다, 지루하다, 거부감이 든다. 흥미롭다면 왜 흥 미로운지, 셋째 딸에 대해서는 어떻게 생각하 는지, 셋째 딸이 어떻게 행동했어야 했는지 질 문을 하고 나오는 반응에 따라 자기 서사를 진 단해요.

자세히 물어볼수록 내담자가 갖고 있는 자신만 의 서사를 확인할 수 있어요. 저는 감동적이라 고 하거나 거부감이 든다는 대답에 집중하는 편이에요. 보통 거부감이 들면 왜 거부감이 드 는지 자신의 인생과 연계해서 얘기를 많이 하 죠. 어떤 친구의 경우에는 이 이야기를 싫어했 어요. 싫어한 이유는 아버지 때문이었는데 재 창작을 할 때 아버지와 재회하는 부분을 빼버 렸어요. 또 신랑을 굉장히 폭력적인 남자로 만

들었어요. 왜 그렇게 만들었냐고 물어봤더니 자신의 아버지가 대입돼서 남자들은 다 그렇다 고 대답해요.

내담자 스스로 공백을 채우는 느낌이네요.

그게 왜곡으로 나타나는 거죠. 작품에서는 절 대 그렇게 돼 있지 않은데 자신의 인생과 연결 시켜 이야기를 만들어내는 거예요. 그럼 실제 작품의 내용과 비교를 해줘요. 원작에서는 숯 구이 장수가 이런 모습인데 왜 그렇게 바꾸었 나, 이걸 물어보게 되는 거예요. 만약 단체라면 두 번째 단계에서 함께 의견을 나누고 지지하 는 과정을 거쳐요. 세 번째 단계가 재창작이에 요. 재창작한 이야기를 다시 나누면서 자신을 돌아보게 되는 거죠. '내가 왜 이걸 바꿨을까' 고민하게 돼요. '내가 알고 있는 남자상은 이런 모습이구나'. 거기서 제 역할은 계속해서 자신 의 내면을 알아갈 수 있도록 열린 질문을 하고 창작한 작품이 개연성 있게 그려질 수 있도록 수정을 돕는 거예요. 이야기가 다듬어질수록 스스로 합리적인 방향을 찾아갈 수 있어요. 그 리고 마지막 네 번째 단계는 출판이나 기념회 를 진행해서 다른 사람들하고 함께 나누는 거 예요.

작품과 자신의 이야기가 어떻게 상호작용하면서 치료로 이어지는 걸까요?

기본적으로 정운채 선생님의 문학치료학의 서 사이론을 중심으로 접근하는 건데요. '인간은 문학이다'라고 단적으로 이야기를 합니다. 문

학치료 서사이론에는 자기서사, 작품서사라는 개념이 나와요. 자기서사는 나의 인생을 움직이는 서사이고 작품서사는 문학 작품 안에 있는 서사라고 할 수 있어요. 자기서사가 바깥으로 드러나는 게 인생이고 작품서사가 겉으로 드러나면 작품이죠. 그런데 우리가 작품을 볼 때 그대로 받아들이지 않고 자기서사를 통해서 받아들여요. 그래서 어떤 작품을 보든 다 다르게 이야기하는 거죠. 치료에서는 특정 부분을 오독하는 경우가 중요해요. 예를 들어 부모 자식 간의 관계가 나타나는 작품에서 내담자가 아버지에 관한 내용을 지속적으로 오독할 경우, 해당 관계에 특정한 문제의식이 있는 거겠죠. 그럴 때 내담자는 오독한 이야기를 기존의 작품서사와 비교하고 수정할 뿐만 아니라 유용한 작품서사를 자기서사로 취하고 다시 스스로 작품서사를 만들어 나가면서 자신만의 창의적이고 건강한 서사를 만들어 나갈 수 있어요.

설화를 사용하는 특별한 이유가 있나요?

꼭 그래야 하는 건 아니에요. 다만 구비문학은 오래 전승돼 온 만큼 삶의 원형성을 담고 있어요. 이야기마다 특정 관계에 대한 이야깃거리를 얻을 수 있고요. 예를 들어 〈내 복에 산다〉는 부모와 자녀의 관계, 특히 독립에 대한 마음 상태를 비추는 설화라고 이야기해요. 이렇게 설화들을 다양한 관계에 맞게 체계화해서 이용하고 있어요.

내담자 중에 기억에 남는 분이 있나요?

자살예방 프로그램을 했을 때 만난 분이 있어요. 처음에는 모든 이야기에서 왜 사는지 의미를 찾지 못하고, 다시 쓴다고 하면 죽는 내용으로 끝마치는 창작을 했어요. 스스로 죽음을 원했으니까요. 이야기 속 인물들이 가지는 삶의 의지에 대해서도 부정했어요. 너무 힘드니까 죽으면 모든 문제가 해결될 거라는 거죠. 그러다 나중에는 어떤 작품서사를 받아들이고 창작하면서 죽음이 곧 문제해결은 아니라는 쪽으로 생각을 바꾸게 됐어요. 문제를 해결하려면 다른 방향을 생각해봐야겠다고 새로운 길을 만들어낸 거죠. Ⓜ

당신이라는 예술

류새별 '나다운 힐링놀이터' 대표

You, the Art

뭉텅뭉텅 찰흙을 주무르는 시간, 팔레트에 가지런히 물감을 짜 넣는 시간,
모델로 나온 친구의 얼굴을 엉망으로 스케치 하는 시간. 미술 수업을 싫어하는 아이는 없다.
이제 성장한 우리는 모든 것을 잘해야 할 것 같아 두렵다.
가끔은 나라는 존재가 망친 그림 같아 주눅이 들기도 한다.
'나다운 힐링놀이터' 류새별은 애써 잘하지 않아도 된다고 말한다.
모든 사람은 이미 예술이다. 그래서 중요한 건 가장 '나다운' 삶을 찾는 일이다.

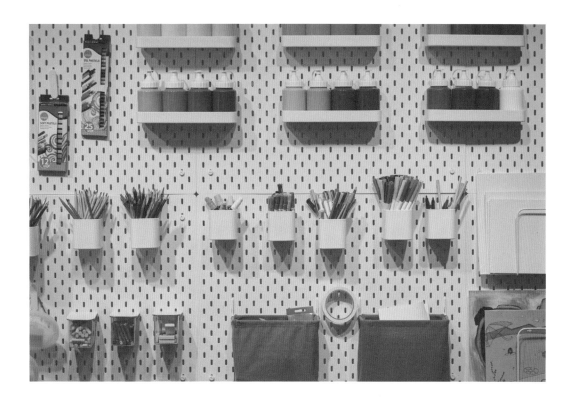

'나다운 힐링놀이터'에는 어떤 의미가 담겨 있나요?

제 상담 철학은 '당신답게 살아라'에요. 세상에는 우울한 사람도 있고 집중력 장애가 있는 사람도 있어요. 불안이 강한 사람도 있고요. 근데 그렇게 살아도 괜찮아요. 틀림이 아니라 다름인 거고 세상에 결코 완벽한 사람은 없어요. 약점을 교묘히 잘 숨기고 있는 사람이 많죠. 자기의 특성을 살려서 뭔가를 할 수 있는데 그걸 바꾸려고 인생을 허비할 필요가 없어요. 불편한 건 최대한 고칠 수 있는 만큼 고치면 돼요. 그래서 '나다운'이라고 지었어요. '당신은 당신답게 살아라, 그런데 불편한 건 제가 도울 수 있으면 좋겠다'하는 마음이죠.

미술치료를 공부한 계기는 무엇인가요?

어렸을 때부터 계속 미술을 했어요. 예고를 가려다가 한국 입시가 안 맞았고, 마침 기회가 되어 유학을 갔고요. 대학교 때 우연히 미술치료 수업을 들은 적이 있어요. 그때까지는 관심이 없었어요. 졸업 후에 유일한 꿈이자 목표였던 영화 쪽에서 2, 3년 정도 일을 했는데 너무 힘들었어요. 존재 자체가 흔들리는 느낌이었죠. 평소에 갖고 있던 약간의 우울감이 극도로 심해지더라고요. 도움을 찾기 시작했는데 마음에 드는 치료를 못 찾았어요. 약을 먹긴 싫었고요. 꿈을 잃어버린 건데 약이 도움이 될 것 같지 않았어요. 그러다 문득 미술치료가 다시 떠올랐고 꿈이 다시 생긴 기분이었어요. 치료를 배우며 깨달았는데 전 우울함만 있었던 것이 아니라 그냥 감정을 크게 많이 느껴요. 우울뿐만 아니라 행복도, 고통과 즐거움 모두를요. 공감은 감정이 많은 저에겐 천부적 재능 같은 거죠. 지

금은 천직을 만났다고 생각해요.

미술치료는 어떤 증상에 가장 효과적일 수 있나요?

상담이라는 게 정해진 답이 있는 건 아니에요. 서로 관계를 맺고 관계 안에서 치료를 만들어 가니까요. 어떤 사람은 공황장애를 갖고 있어도 성격이 활발한 분이 있고, 소심하고 밖에 나가기 싫어하는데 공황장애까지 겪는 분이 있을 수 있어요. 그러면 병은 공황인데 방법은 달라야 하는 거죠. 인지행동학적으로 보았을 때, 어떤 분은 에너지를 잘 소모하고 컨트롤하는 방법을 배워야 하고 어떤 분은 에너지를 점점 쌓고 성과를 만들어서 자존감을 높여야 하고. 상담에 있어서 어떤 목표가 생겨나요. 성공할 수 있는 목표요. '나는 서울대에 갈 거예요.'하는 거 말고 '나는 하루에 30분씩 공부를 할 거예요.' 그런 목표요. 그걸 못하는 이유가 있으면 그 이유를 하나씩 해결해 나가는 거예요. 문제적 행동은 마이너스 시키고 좋은 행동은 플러스 시키는 식으로요. 그런 식으로 한 단계 한 단계 밟아가면서 관리할 수 있는 스킬들을 만들어 가는 거죠.

내담자와 소통하는 게 쉽지 않을 것 같아요. 자신만의 방법이 있나요?

모든 사람을 예술로 바라보는 거예요. 미술치료사의 최고 장점은 모든 것에서 매력과 특유의 미적 가치를 볼 수 있다는 점인 것 같아요. 미국에 있을 때 중독치료센터에서 일 한 적이 있어요. 한국 사람들이 생각하는 것처럼 파티 가서 즐기려고 흥청망청 마약을 시작하는 분들은 드물어요. 성장배경 속 심리적으로, 사회적

으로 위험에 많이 노출되어 있었고, 자신을 건강하게 지키는 사고나 방법을 많이 습득하지 못한 경우가 많았죠. 결국에는 범죄자가 되고 마약을 만들고 파는 일밖에 다른 일을 할 수 없게 되어버린 분들도 종종 만났어요. 하지만 저는 어떤 건강한 삶이라는 기준을 제시하지 않았어요. 그림도 그렇잖아요. 대작의 기준을 잡아놓으면, 내 안의 나만의 가능성을 탐구하지 못하게 되죠. 제가 내담자를 볼 때 하는 생각은 그래요. '이 사람 이렇게 만들자'가 아니라 '이 사람이 이 사람답게 최고의 작품이 될 수 있게 하자'. 그러면 내담자 분들도 느껴요. 그러고 나서 본인의 삶을 불편하게 하는 사고나 행동을 바꿀 수 있게 돕는 거죠.

증상이 너무 심한 경우에는 미술 같은 활동이 치료로 연결된다는 생각을 하기 힘들어요. 너무 심한 우울에 처해있으면 어떻게 도울 수 있나요?

미술치료라고 해서 그림으로 해소만 하는 건 아니에요. 인지행동치료, 변증법적행동치료, 또 정신분석치료 같은 여러 가지 임상심리학과 치료 이론에 기반한 방법으로도 돕는 거예요. 우울증은 스스로 가치가 없다고 생각하게 되는 증상을 보이죠. '나는 세상에 도움이 안 돼', '나는 행복할 수 없어'라고 생각하니까 집에서 나갈 수 없는 거예요. "당신은 가치가 있어요." 해도 "내가 그렇게 안 느끼는데 어떻게 해요"라는 말만 돌아와요. 공허한 말만 계속 한다고 바뀌는 건 없어요. 그림을 그려서 내가 표현한 것 중에 가치 있는 부분을 내 눈으로 봐야 해요.
예전에 입원병동에서 일할 때 심한 우울에 빠진 내담자를 만난 적이 있어요. 간호사인데 업무적으로 성공했어요. 그런데 그분은 자신이 가치가 없다고 생각해서 아무것도 못하고 후에

는 자신의 모든 선택을 의심하기 시작하죠. 그룹치료 할 때 자아성찰을 목표로 자신을 풍경화로 그리는 작업을 했어요. 작업방식부터 창작물까지 전체적으로 소극적이고 침체된 이미지를 다뤘어요. 근데 끝에 쨍쨍하게 비치는 해가 있는 거예요. 본인도 그때 느끼시더라고요. '아 여기 해가 있구나'. 이런 식으로 나도 모르게 한 줄기 빛 같은 희망을 그리시는 거예요. 그분 작품에 참여자 모든 분들이 너도나도 응원을 해줬어요. 그러고 나니까 "이거 재밌네요" 하시는 거예요. 그렇게 시작되는 거죠. 오늘은 해밖에 없었지만 내일은 다른 희망적인 것들을 그릴 수 있겠죠. 그러면 그림을 완성하게 하거나 침대 밖에 나갈 정도의 에너지는 생길 수 있어요.

누군가에게는 그림을 그리는 일이 두려운 일일 수도 있는데 망설이는 분들에게는 어떤 말을 해줄 수 있을까요?

그림 잘 그리는 사람도 백지는 두려워요. 누구든 잘 하고 싶고 성공하고 싶으니까요. 저도 미술치료하기 전까지는 그림을 놨었어요. 그 몇 년 동안이 저는 소중해요. 왜냐면 결과를 생각해서 두려운 거라는 걸 알게 됐어요. 내가 못 그리면 안 되는데, 나중에 봤을 때 와- 할 수 있어야 되는데 그렇지 않을까봐 무서운 거잖아요. 그런데 "우리 이거 다 하고 찢어버릴 거예요. 그냥 같이 놀아요"하면 잘 그리는 게 중요하지 않아요. 한 시간 즐거운 게 중요한 거지. 못난 그림은 없어요. 그냥 그 작품은 자신만의 개성을 담고 있는 것뿐이에요. 대작을 만들려는 게 아니잖아요. 그런데 사람들이 그리는 과정 중에 열 받을 때가 있어요. 원하는 대로 나오지 않아서. 실수해서. 망해서. 그럴 땐 원하는 룩으로 고

칠 수 있으면 온갖 방법 동원하여 시도해보고, 안 되면 넘어가야죠. 중요한 건 그 과정을 응원하며 함께 해주는 거예요. 우리가 할 수 있는 걸 펼쳐보고 어떤 선택을 하든 이 순간에 같이 있는 거, 그게 치료인 거죠.

그룹치료는 장단점이 있을 것 같아요. 다른 사람들을 의식하게 될 수도 있고 도움을 받을 수도 있고요.

미술치료사에게는 굉장히 좋은 툴이에요. 내담자들이 서로 판단하려 할 때 잘 막아줘야 하고 한 사람 한 사람 시간을 유용하게 쓸 수 있게 가이드도 해줘야 해요. 규칙 설정이 중요하다고 하거든요. 잘 만들어진 게임처럼, 살기 좋은 사회처럼, 규칙을 잘 만들고 편히 놀 수 있게 만들어야죠. 또한 서로가 서로의 그림에 대해서 이야기 해 줄 수 있어서 개인치료보다 좋은 점이 있어요. 제3자가 긍정적으로 바라봐주거나 여러 가지 생각을 전해주면 다양한 에너지가 나오거든요.

'나다운 힐링놀이터'에서는 어떤 프로그램들을 진행 중인가요?

통틀어 모두 힐링서비스라고 일컫는데 자신이 얼마나 현재 불편함을 느끼느냐에 따라 선택하실 수 있어요. 일상에 지장을 줄 정도로 심리적으로 많이 지치신 분들은 개인 심리상담을, 평소 대비 조금 달라짐, 불편함을 느끼시는 분들에게는 취미 및 셀프케어 레벨의 치유 미술 클래스를 추천해요.
상담이나 클래스가 없는 시간에는 카페로 운영하는데 경제적으로 혹은 사회적 편견 등의 이유로 적절한 케어를 못 받고 계신 분들이 편히 찾아오실 수 있는 공간으로 운영 돼요. 미술치

료를 한번 경험해 보고 싶으신 분들이 많아서 투사적 그림검사서비스도 제공되죠. 특히 요즘 나의 가족, 친구, 연인이 힘들어하는 것 같다고 함께 찾아와주시는 분들을 많이 뵙게 되는데, 정말 그 한마음 한마음이 너무 소중하게 다가와요. 물론 지나가다 마음 털어놓으러 혼자 문을 두드리시는 분들도 계시고요. 그런 분들을 위해 나다운 힐링놀이터가 생겨난 거고요.

주변에 힘든 사람이 있다면 어떻게 대하면 좋을까요?

제가 석사를 하고 있을 때 기면증을 앓는 친구가 있었어요. 기면증은 신경과적 질환이라 저는 잘 몰랐어요. 친구가 너무 힘들어해서 그런 말을 한 적이 있어요. "너가 이렇게 아픈 걸 보는 게 안타깝다, 안 아팠으면 좋겠다"고요. 근데 친구가 화를 냈어요. 기면증은 완치를 할 수 없는 병인데다, 그 친구는 그 외 다른 만성질환도 앓고 있었거든요. 그 친구가 "나에게 아프지 말라는 것은, 내가 내가 아닌 사람이 되라고 하는 것이다"라고 말해주었어요. 그때 크게 깨달았죠. 걱정이랍시고 제가 누군가의 존재를 부정해버렸구나. 그 친구는 기면증을 안고 계속 잘 살아가는 방법을 배워나가고 있어요. 함부로 그 사람의 일부분을 부정해버리면 안 돼요. 우울증, 불안장애, 기분장애가 만성은 아니지만 갑작스럽게 치료가 되는 것도 아니에요. 질환에 지배되는 삶을 살지 않기 위해 시도하는 작은 노력들이 쌓여 나중에 결국 질환의 굴레 밖으로 나오고, 그 수많은 시도와 경험들이 진정한 '나'를 찾게 되는 자양분이 되어 줄 거예요. 그 작은 노력들을 부디 응원해주시고, 지지해주시고, 함께해주셨으면 좋겠어요. Ⓜ

내면의 울림

'모두의 카운슬러' 백하루 대표

Echo in Your Mind

구리와 주석 등 일곱 가지 금속으로 만들어진 싱잉볼 그릇은 두드리면 물무늬처럼 퍼지는 음향과 진동으로 몸과 마음을 편안하게 만든다. 연주자는 음악적 조화를 고려해 싱잉볼을 연주하지만 가장 중요한 것은 마음이다. '모두의 카운슬러' 백하루 대표는 상담에서 미처 전하지 못하는 자신 안의 평안과 따뜻함을 전달하기 위해 '오션 바이브'란 브랜드를 만들어 싱잉볼 프로그램을 진행하고 있다. 최근에는 싱잉볼과 게슈탈트 심리치료를 결합한 집단 상담 프로그램을 통해 내담자들이 보다 편안하게 자신 내면의 목소리에 귀 기울일 수 있도록 돕고 있다.

싱잉볼 테라피는 어떤 치유 방법인가요?

싱잉볼은 히말라야 지역의 국가들에서 실제 그릇으로 썼던 도구인데요, 볼을 두드려 울리면 마치 노래하는 것과 같은 아름다운 진동이 만들어져서 '노래하는 그릇', 싱잉볼(Singing Bowl)이라고 이름이 지어졌습니다. 본래 종교적인 목적이나 명상도구로 디자인되어 탄생한 것은 아니고 우연하게도 그 울림이 아름다워 용도가 생긴 거죠. 우연한 발견을 통해 아름다운 것이 만들어 질 수 있다는 점이 제 상담철학과 맞닿아 있는 치유적 특징이라고도 생각해요. 싱잉볼을 스틱으로 울려주면 풍부한 진동이 생기는데, 이 진동들이 우리 몸이 만드는 진동을 조화롭게 만들어 줍니다.

관심을 갖게 된 계기가 있나요?

저는 좋은 건 항상 평범하고 쉬운 것에 있다는 생각을 해요. 만약 신이 있다면 중요한 건 누구든 알아보고 누릴 수 있게 쉽고 단순한 것에 놓아두지 않았을까요. 싱잉볼도 그래요. 경험하는 사람이 체험하고자 몸과 마음을 열면 진동이 저절로 작용해서 자신만의 통찰과 치유 경험을 할 수 있거든요. 그래서 직접 여러 번 체험해 봤는데, 명상만으로는 하기 힘들었던 것들을 쉽고 재미있게 경험할 수 있어서 전문적으로 배우기 시작했어요.

어떤 방식으로 치유 작용을 하는 걸까요?

'이완'과 '조화'라고 할 수 있을 것 같아요. 우리가 어떤 트라우마를 겪으면 상처받은 마음과 연결된 몸의 특정 부위가 단단하게 굳어지기도 해요. 싱잉볼의 가장 좋은 점은 쉽게 이완을 시켜준다는 거예요. 소리와 진동이 들려오기만 해도 몸이 이완되면서 변화가 생길 수 있어요. 자신에 대해서 통찰하게 되고 몸과 마음의 조화를 찾을 수 있게 되는 거죠. 조화의 힘이 길러지면 다른 사람들이 나를 화나게 하거나 상처 주는 말을 해도 금방 균형을 잡을 수 있게 되고 회복탄력성이 좋아져요. 우리 마음은 항상 자신에게 좋은 것을 알고 있다고 생각합니다. 온갖 생각들이 마음을 흐리고 복잡하게 만들어서 어려움이 생기는 거죠. 때로는 싱잉볼이 원인 모를 통증이나 무의식에 맺혀있는 상처들도 풀어내서 자연스럽게 흐르도록 도와주기도 해요.

실제 참여자 분들의 후기 중 기억에 남는 것이 있나요?

싱잉볼 세션을 마무리하면서 잠깐 옆으로 누워 엄마 뱃속 아이처럼 편안하게 쉬어 보도록 가이드를 드린 적이 있어요. 어느 분이 가이드를 듣고 울음을 터뜨렸어요. 그리고 나서 '그런 엄마를 경험해 본 적이 없다고, 굉장히 따뜻한 느낌을 받았다고 하셨어요. 저는 석사전공이 가족상담인데요. 공부와 수련을 해나가다 보면 가족이 타인보다 더 큰 상처를 주는 사례를 너무 많이 접합니다. 그런데 다른 사람과의 관계 안에서 울리는 진동을 통해 애초에 없던 따스함이 창조될 수 있다는 게 저에게는 인상 깊게 남았어요.

싱잉볼 세션과 게슈탈트 집단상담을 결합한 프로그램을 진행 중이신데요. 어떻게 만들게 됐나요?

게슈탈트 심리치료에서는 '알아차림'과 '접촉'

을 원활하게 하기 위해 생각에서 빠져나와 감각으로 돌아가라고 말합니다. 싱잉볼은 감각의 세계로 초대하는 아주 쉽고 효과적인 매개가 될 수 있어요. 무언가 하려고 애쓰지 않아도 소리는 들려오고 진동은 느껴지기 때문에 청각과 촉각으로 알아차림을 할 수 있고 확장되는 경험을 하게 되는 거죠. 우리는 두려워하는 것들을 저 몸, 마음 어느 구석에 몰아 잠가두는데, 싱잉볼 진동과 함께 내면이 열리면서 잡생각들이 사라지고 자신에게 가장 중요한 이미지와 생각들을 떠올릴 수 있게 돼요.

또 집단상담은 내면에서 일어나는 역동과 갈등을 집단원 사이에 일어나는 상황을 관찰하며 빠르게 통찰해 낼 수 있거든요. 그래서 싱잉볼, 게슈탈트 심리치료, 집단상담을 엮어서 프로그램을 만들어 봤어요. 싱잉볼로 감각 알아차림이 활성화되면서 상담에서 정서나 생각, 행동 알아차림으로도 연결될 수 있어서 더 효과적으로 작용할 수 있는 거죠.

게슈탈트 심리치료나 '알아차림', '접촉' 같은 말들은 조금 낯설게 들리는데요. 간단히 설명하자면 어떤 개념들인가요?

게슈탈트 심리치료는 상담심리의 이론 중 한 분야인데요. 게슈탈트라는 건 어떤 고정된 걸 지칭하기보다는 무언가 떠올랐다 사라지는 전체 과정이라고 말할 수 있어요. 지금 생생하게 떠오르는 자신의 마음이라고 할 수 있죠. 예를 들면 게슈탈트라는 게 잘 형성이 된다는 건 취업을 해야 하는지, 나만의 콘텐츠로 SNS를 시작할지로 고민고민 하다가 흐지부지되는 일이 없어진다는 거예요. 점심시간에 메뉴를 결정할 때 뭘 먹을지 모르겠고, 뭘 먹든지 상관도 없다는 것이 아니라 오늘의 날씨와 모인 사람들의 풍경을 한껏 음미하며 무엇을 먹고 싶은지 잘 떠올릴 수 있고 한껏 식사자리를 즐길 수 있게 되는 거예요. 꼭 무엇을 해야만 한다고 시달리고 자책하지 않고 어느 정도 성취를 했으면 그것을 수용하며 만족할 줄 알고 편안해지는 경험을 할 수 있는 것이죠. 저 사람이 좋으면서도 두려워서 다가갈 수가 없어서 결국 놓치고 혼자 외로워지는 대신에, 용기 있게 고백을 해서 그 사람과 잘 지낼 수 있게 되거나, 거절을 당해서 마음이 너무 아프지만 어느 정도 시간이 흐르고 나면 다시 누군가를 좋아할 수 있는 설레임과 용기가 살아나는 경험을 하는 거예요. 게슈탈트 심리치료를 받는다는 건 그래서 더 나아진 삶을 산다는 건 집에 앉아서 티브이를 통해 바다를 보는 것이 아니라 바다에 직접 가서 백사장도 걸어보고 바닷물에 발도 담가보는 거예요. 그리고 성향에 따라서는 서핑보드를 들고 바다에 들어가 파도를 타기도 하고 넘어져 물에 빠지기도 하지만 서핑이 끝나면 다시 따뜻한 자리로 돌아와 몸을 녹이며 든든히 배를 채울 수도 있는 삶을 사는 거예요.

알아차림이라는 건 알고 있던 것을 깜박 잊고 있다가 다시 알게 되는 과정이라고 할 수 있어요. 우리는 특정 반응을 반복하며 괴로워할 때가 많은데요. 화낼 일이 아닌데 버럭 화를 내고 후회하다든지, 그렇게까지 단절 시킬 필요가 없는데 오래 쌓은 우정을 차갑게 끊어낸다든지, 자꾸만 의심을 해서 관계가 망가진다든지 하는 일들은 겪곤 합니다. 이런 행동들은 처음에는 자신을 보호하고 더 상처받지 않기 위해 선택했던 생존방법일 때가 많아요. 다시 상처받지 않으려고 예전에 상처받았던 때와 비슷한 말이나 상황을 발견하게 되면 과민해지고 보호행동을 반복하게 되는 거죠. 이때 내가 과거 어느 때에 상처를 받았는지 이해하고 그래서 잘 해보려고 그런 행동을 했다는 걸 알아차리면 서서히 그런 현상들이 줄어들고 마음이 좋아

지는 경험을 하게 돼요. 그리고 나와 타인, 세상에 대한 생생한 감각들이 알아차려지면서도 회복이 진행 될 수 있어요. 예를 들어 가을에 단풍 빛깔이 찬란하고 아름다웠다는 것, 무심코 지나쳤던 가족의 안부인사가 큰 사랑이었다는 것들을 알아차리게 되면 나와 내가 연결되고, 나와 사람들이 연결되어서 심리적 문제가 발생하는 외로움, 고독, 단절이 해소가 되어서 나아지죠.

접촉한다는 건 직접 경험한다는 거예요. 우리는 두려워서 많은 것들을 머리로 상상하기만 하거나, 지식적으로 이해하려고 해요. 그렇지 않으면 직접 하지 않고 그것을 상징하는 어떤 대상물을 소유하거나 소비하는 방식으로 경험하죠. 다른 사람들에게 거절당하는 것이 너무나 두려우면 사람과의 접촉을 회피하고 다른 대상에 중독되기도 해요. 진실한 관계를 원하지만 주려움 때문에 오히려 화려한 피상적인 관계들만 많이 만들게 되기도 하죠. 결국 그 안에서 점점 더 외롭고 공허해질 수밖에 없어요. 그럴 때 사람들과 접촉하고 용기를 내서 어떤 관계이든지 만들어 나가기를 시도한다면, 모든 사람과 진실한 관계를 맺지는 못할 수 있지만 또 자신의 상상 속에서 만들었던 백퍼센트의 진실성은 세상에 없다는 것을 알게 될지 모르지만, 있는 그대로의 사람들의 온기를 느끼며 따뜻한 우정을 만들어나갈 수 있게 되는 거죠. 이렇게 접촉한다는 것은 용기를 내어 자신이 원하는 삶을 사는 거예요.

싱잉볼과 게슈탈트 심리치료를 함께 진행하면서 효과를 경험하신 장면이 있다면 무엇인가요?

상담을 받던 분 중에 과거의 후회스러웠던 잘못된 선택을 반복할까봐 아주 작은 선택도 어려워하시는 분이 있었어요. 행동이 느려지거나 결정을 자꾸 지연시키기도 했고요. 상담을 진행하면서 삶의 발목을 잡는 패턴들을 있는 그대로 비춰드렸고, 패턴을 이해하고 나니, 그러한 심리적 어려움들이 개선되는 효과가 있었는데요. 싱잉볼 일대일 세션을 해드렸을 때 갑자기 자신을 응원하는 자신의 모습이 떠올랐다며 눈물을 흘리셨어요. 이후에는 망설여지고 불안해질 때 자신을 응원해주는 내면의 이미지를 계속 만나게 됐고 8회를 마치면서는 자신이 처해있는 상황을 긍정적으로 이끌어나가는 힘이 생기셨어요.

만약 싱잉볼을 혼자 해보고 싶다면 어떻게 시도해 보면 좋을까요?

먼저 의심하는 마음을 내려두고 '한번 경험해보자'하는 가벼운 마음으로 준비해 보세요. 조용한 공간에서 스트레칭과 호흡으로 몸을 최소 5분에서 10분 정도 편안하게 두고 이완시킨 후 하는 게 좋아요. 그리고 싱잉볼은 단순히 '친다', '때린다'와 같은 기계적인 느낌으로 하지 말고 싱잉볼이 본래 가진 진동을 '깨워낸다'는 마음으로 울려내보세요. 좋은 경험을 하셨다면 여럿이 함께 해도 좋아요. 연인이 각자 자신에게 맞는 울림을 가진 싱잉볼을 고른 후 서로에게 자신의 진동과 소리를 전해주며 조화로운 시간을 가져볼 수도 있고 소그룹으로 확대해서 진행해 보는 것도 괜찮을 거예요. 다만 스트레스 정도나 심리상태에 따라서 싱잉볼 진동을 받아들이며 갑작스럽게 불안을 느끼거나 이유 모를 눈물이 폭발적으로 나는 경우도 있어요. 그래서 처음 경험할 때는 전문가의 안내를 받으면서 경험하는 걸 권유하는 편이에요. Ⓜ

지극한 시선
한경은 작가
Devoted Gaze

사랑하기를 멈출 때 우리가 가장 먼저 하는 행동은 시선을 거두는 일이다. 그래서 사랑은 누군가를 충분히 오래 바라보는 일이다. 사진이 하는 일도 같다. 분의 1초로 셔터막이 열리고 나면 사진가가 할 수 있는 것은 없다. 무력감에 저항하기 위해서 사진가는 대상에게 눈을 떼지 않는다. 사진가이자 예술치료사인 한경은의 일은 지극한 관심이다. 여성의 배를 주목하는 〈Voice〉, 기억의 상처를 묻는 〈기억의 가소성〉, 두 사람의 치유적 여정을 다룬 〈비가시적 전망〉 등 그의 사진 작업은 시리즈마다 모두 3년 이상에 걸쳐 진행됐다. 이제 예술치료사가 된 그의 눈은 내담자를 바라본다. 오랫동안 자신의 안을 바라보던 그 눈이다.

위 〈비가시적 전망〉, 2016-17, ⓒ한경은
아래 한경은 치료사가 진행한 〈여자들의 몸풀기〉 프로그램 중 참여자 결과물

"발을 디디는 대지의 힘. 많은 노력을 하네. 그냥 서 있어도 되는데 힘을 주고 있어. 그러나 다행히 한발은 힘을 주지않아서 숨을 쉴 수가 있네. (…) 이제는 몸에도 표정이, 색깔이, 감정이 있다는 것. 얼굴에만 감정이 있는 것이 아니라, 몸이 말하는 몸의 표정을 바라보는 작업을 했다는 것. 그리고 나의 몸이 얼굴에 표정에 주의를 기울인다는 것. 그것이 감사하다." - 참여자 B

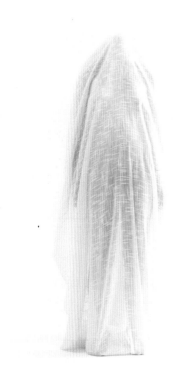

〈비가시적 전망〉, 2016-17, ⓒ한경은

사진작가로 활동하다가 예술치료사가 되셨는데요. 특별한 계기가 있었나요?

사진 활동하면서 전공을 안 했을 뿐이지 마음 공부를 많이 했어요. 존경하는 선배가 "왜 전문적으로 안 해, 해봐"라고 제안했어요. 저한테는 그게 '네가 하면 잘할 거야'라고 인정해주는 것처럼 느껴졌어요. 그 이후로 한국사진치료학회에서 사진치료사 자격과정을 공부하기 시작했죠. 그러고 나서 다시 학교에서 예술치료를 전공하게 됐어요.

사진은 어떻게 전공하게 됐나요?

'이프'라고 우리나라 첫 페미니즘 잡지가 있어요. 정기구독해서 보는 열혈 구독자였죠. 그러다가 '이프'에서 해마다 여는 안티 미스코리아 대회 계약직 스태프로 들어가게 됐어요. 6개월 계약 기간이 끝났는데 선배들이 "그냥 너 계속 일해, 너는 우리 애다 얘" 해서 눌러앉았죠. 이런저런 일 하다가 인터뷰를 맡게 됐어요. 그때는 수동 필름 카메라였으니까 실수를 많이 했죠. 인터뷰이를 다시 찾아가서 찍은 적도 있어요. 그런데 하다 보니까 재밌는 거예요. 5년 정도 일을 했는데 '이프'도 점점 힘들어지고 사진을 공부해볼까 하는 생각도 들어서 대학에 들어갔어요. 하다 보니 제가 너무 잘하는 거죠. 그렇게 우연찮게 흘러가는 대로 온 것 같아요.

모델과 함께 소통하는 치유적 작업이 많은데 주제로 삼은 이유가 있나요?

그거 해야지 마음먹고 한 건 아니에요. 그냥 하고 싶은 걸 하다 보니 그렇게 됐어요. 작업이 쌓이고 시간이 지나고 보니 내가 한 작업이 이런

거였구나 하고 객관적으로 명명할 수 있게 된 거죠. 저의 기질이나 성격적인 면을 따라서 자연스럽게 제 색깔이 나온 게 아닐까 싶어요.

작품 활동을 하면서 스스로 치유되는 경험도 있었나요?

의도한 건 아니지만 모든 작업 과정에서 치유의 프로세스를 경험했어요. 예를 들어 제 첫 번째 작업은 '보이스'라고 참여자들의 배를 찍은 흑백사진이었어요. 작업의 계기가 제 몸과 배를 보면서 여성이 가질 수 있는 수치심이 드러나서였어요. 더 이상 섹스어필할 수 없는 것처럼 느껴진 거죠. 내 몸이 밉다, 부끄럽다 생각을 하게 됐고 주변 사람들을 보니 같은 생각을 하는 사람들이 많아 보였어요. 목욕탕에서 여자들이 수건으로 배를 가리고 들어가더라고요. 가슴이나 음부가 아니라 배였어요. 카페에서도 여자들은 쿠션으로 배를 가리고 앉았잖아요. 왜 다른 곳이 아니라 배일까 하는 의문이 들었죠. 내 몸을 찍고 주변사람들을 찍기 시작했어요. 그러면서 당신의 몸이나 인생에 대해서 짧은 글로 써달라고 부탁했죠. 작업 과정에서 제 몸을 직면하게 됐고 모델, 그러니까 참여자 분들이랑 몸에 대해서 이야기를 많이 했어요. 전시 때 프린트 된 제 사진을 보고 있던 장면이 기억에 남아요. 배에 세로로 튼 자국이 있었어요. 그 자국이 행성들의 흔적처럼 보이는 거예요. 예전엔 빨래판처럼 느껴지던 제 배가 우주같이 보이는 경험을 하게 됐어요. 대부분 작업이 3년 정도 걸려요. 오랜 작업 끝에 제가 얻은 선물 같은 장면이었던 것 같아요.

〈비가시적 전망〉이라는 작품 속에서 모델과의 관계가 굉장히 특별해 보여요. 한 평론가는 이 작품을

'만남'과 '환대'로 풀어냈는데요. 작가와 모델의 관계가 동등한 상담자와 내담자의 모습으로 보이기도 합니다. 상담이 그런 여정이라면 어떨까 생각했어요.

상담이라는 프로세스는 기본적으로 내담자가 상담자에게 부모투사를 할 수밖에 없어요. 심리적 위계가 깔려 있을 수밖에 없는 거죠. 내담자가 우선이고 중심인 건 맞지만 정신역동은 어쩔 수 없는 일인 것 같아요. 그걸 잘 활용하는 게 중요하죠. 작업 안에서도 그런 역동이 있다고 봐요. 일단은 작업자가 참여자에게 안내하는 역할을 하잖아요. 안내자의 역할을 하면서 자연스레 생길 수밖에 없는 관계의 역학은 있다고 생각해요.

몸이 중심이 되는 작품들이 많은데요. 특별한 이유가 있나요?

반지하에서 3년을 산 적이 있어요. 그때 몸이 많이 안 좋아졌어요. 일도 많이 했고 술도 많이 마셨지만 지하의 영향이 컸던 것 같아요. 암실이 있었기 때문에 약품들 환기가 잘 안 되기도 했고요. 당시에 없던 알레르기도 생기고 잠을 못 잘 정도로 위가 아프고 폐병환자처럼 기침을 엄청 했어요. 무서워서 병원에 갔는데 의사 선생님 말씀이 아직도 기억나요. "이렇게 예쁜 위는 처음 봤어요. 누가 그렇게 속 썩여요" 그렇게 물어봤어요. 다 스트레스였던 거죠. 몸이 아프면서 치유에 관심을 가지게 됐고 그 영향이 이어진 것 같아요.

작가님의 책 《당신 생각은 사양합니다》에서는 어머니와의 애증관계가 드러나는데 어떻게 해소되었는지 궁금해요.

평생 이슈가 엄마였어요. 엄마는 저를 애증관계라 생각하지 않았을 것 같지만요. 엄마에게 저는 믿음직스럽고 멋있는 딸 혹은 제멋대로 해서 가끔 속썩이는 딸이지 않았을까. 애증은 순전히 제 입장에서였던 것 같아요. 저 혼자 내적으로 갈등이 많았던 거죠. 저에게는 엄마가 무거운 존재였어요. 정서적으로 늘 엄마를 위로하는 역할에 대한 무거움, 그리고 받지 못했던 것에 대한 분노가 있었던 것 같아요.
임종 과정에서 굉장히 극적인 해결이 있었어요. 임종실로 가기 전에 엄마가 섬망이 시작됐는데 저를 못 알아보셨어요. 엄청난 충격을 받았어요. 죽어가는 엄마에게 혼자 얘기하기 시작했어요. "내가 엄마한테 사랑받고 싶어서 어떻게 살았는데 인사도 안 하고 가, 나를 못 알아볼 수가 있어." 사과도 하고 용서도 구하고 그러다가 "그동안 미워해서 미안하다고, 당신도 얘기하고 가시라, 나 사랑하냐고" 하는데 엄마가 고개를 끄덕이셨어요.

그런 경험들이 책에도 많이 녹아 있는 것 같아요.

그랬던 것 같아요. 책에도 내 얘기다라고 서문에 쓴 것처럼 제가 인정욕구에 굉장히 목말랐던 사람이고, 사실 인정을 받고 있음에도 못 받고 있다고 착각하던 사람이고 또 스스로에 대한 오해를 풀게 된 과정이 있었으니까요.

책이 추구하는 것처럼 자신을 이해하고 수용하려면 가장 먼저 무엇을 해야 할까요?

타인의 눈으로 나를 보고 판단하는 일을 멈춰야 해요. 예를 들면 내가 실수한 걸 저 사람이 어떻게 볼까, 자격 없다고 느끼지 않을까 그런 시선으로 나를 보기 때문에 불안과 공포가 생길 수 있는 거죠. 이미 타인을 통한 생각이 신념으로 굳어져서 자동적으로 따라오는 거예요. 나의 부족함, 나의 한계, 나의 비리, 나의 못마땅하고 내다 버리고 싶은 부분들도 스스로 바라보고 허용해야 해요.

운영하고 계신 통합예술심리상담연구소 나루에서는 어떤 프로그램들을 진행 중인가요?

나루에서는 주로 개인상담을 많이 해요. 치유하는 글쓰기 연구소나 기관, 대학 출장에서는 여러 가지 프로그램을 기획해서 하고 있고요. 지금 하고 있는 건 '중년의 온도, 온전한 나로 살기'라는 제목으로 분석심리학 책을 읽으면서 글쓰기를 하는 프로그램이에요. 인간발달단계에서 중년이 부모와 분화되는 시기라고 해요. 보통 부모와 심리적으로 완전히 분리되고 자신의 삶을 살기 시작하는 게 삼십대 중후반에서 사십대잖아요. 그때 나는 누구인지, 누구 때문에 살았는지 자신에 대한 질문들이 많이 올라오는 거죠. 또 '엄마와 딸의 사랑과 전쟁'이라는 프로그램에서는 엄마와 딸의 애증을 풀어나가는 과정을 안내하고 있어요. 엄청난 이야기들이 쏟아져 나와요. 그리고 마음책방 '서가는'에서는 곧 사진글쓰기 워크숍을 하고요.

사진치유 프로그램은 주로 어떤 방식으로 진행되나요?

사진으로 할 수 있는 걸 다 하는 거죠. 자신에게 투사를 일으킬 수 있는 사진 고르기부터 내가 좋아하는 물건 찍기나 콜라주까지 사진을 고르고, 찍고, 오리고, 붙이고, 만드는 과정을 모두 다 하고 있어요. 사진이나 예술을 매체로 사용해서 좋은 점은 무의식의 영역을 직관적이고 가시적으로 확인할 수 있다는 거예요. 비정상적으로 강한 공포가 있다면 무의식을 알아차리고 직면하는 과정에서 해결되고 해소되기도 해요. 당면한 관계의 문제나 이슈가 눈앞에 드러나기 때문에 자신의 마음을 마주할 수 있는 거죠.

추천하고 싶은 사진을 통한 자가치유 방법이 있나요?

마음공부는 일단 하기 쉽고 재밌어야 한다고 생각해요. 방법이 전문적이거나 어려우면 거기서 벌써 질려버리거든요. 사진이 지금 시기에 좋은 매체인 게 접근성이 너무 좋아요. 스마트폰으로 사진을 찍으라고 했을 때 저항감이나 거부감이 들진 않거든요. 매일 일기를 쓰는 것도 부담스러운 일이라면 사진을 찍고 한 문장만 쓰는 정도로 마음공부를 할 수 있어요. 아니면 제목만 달아도 되고요. 앞으로 제가 하고 싶은 건 10년 동안 매일 내 얼굴 찍기예요. 언젠가 시작할 생각이에요. 응용한다면 한 달 동안 매일 셀피 찍기. 일어나자마자 부스스한 상태로 매일 셀피를 찍고 자신에게 좋은 말을 해보는 거예요. Ⓜ

몸의
기억

남희경 한국예술심리치료연구소 소장

Our Body Remembers

과거의 상처가 끊임없이 현재를 괴롭히는 이유는 온전히 해명되지 못했기 때문이다. 상처
는 여전히 물음으로, 놀람으로, 혼란으로 남아 지금의 삶을 충실하게 살지 못하도록 가로
막는다. 머리로 이유를 따지고 논리로 풀어낸다 해도 겹겹이 쌓아 둔 생각의 경로는 당시의
감각을 차단하고 숨길 뿐이다. 그럴 땐 몸으로 돌아가야 한다. 몸의 기억은 머리보다 더 가
깝다. 부딪히고, 피하고, 압도되었던 그대로의 흔적이 몸속에는 남아 있다. 한국예술심리
치료연구소 남희경 소장은 몸을 통해 내면 깊숙한 곳에서 상처를 길어 올린다. 그가 말하는
무용동작치료를 통한 표현과 소통은 불명의 상처에 이름을 붙이고 모양을 밝혀 마침내는
자신의 모습으로 품어낼 수 있게 한다.

한국예술심리치료연구소가 추구하는 무용동작치료는 어떤 치료 방법인가요?

제가 가지고 있는 이론은 심층심리학이에요. 심층심리학은 아주 단순하게 이야기하자면 무의식을 바라보는 걸 의미해요. 프로이트의 정신분석에서 자유연상을 말할 때, 그건 1차적 사고과정의 언어예요. 제가 생각하기에 예술의 언어는 무의식의 언어인 것 같아요. 마음 속 심층으로 내려가서 그걸 들여다보고 이해하는 데에는 예술이 유용한 방식이죠. 합리성과 이성의 언어로 들어가는 것에는 한계가 있어요. 예술을 통해서 자유연상을 한다면 미술에서는 떠오르는 대로 그림을 그리는 것일 테고 음악에서는 즉흥 연주가 되겠죠. 무용동작치료에서는 마음을 탐구하기 위해 몸으로 자유연상을 해요. 융 분석심리학 관점에서 무의식은 증상만 드러내는 것이 아니라 목적 의미가 있다고 가정해요. 무의식 안에 우리가 원하는, 추구하는 답이 있다는 거죠. 증상 안에 어떤 본질적인 메시지가 있어요. 그렇게 무의식으로 하강해서 경험한 재료를 다시 언어화하고 의식화하면서 자신이 받아들이지 못했던 측면들을 이해하고 소화해가면서 의미를 발견해나가는 과정이 제가 하고 있는 무용동작치료라고 할 수 있죠.

무의식의 의식화가 어떻게 치유를 도울 수 있나요?

무의식을 이해하는 언어로 예술을 사용하고 그 무의식의 증상을 의식화하면서 목적 의미를 발견하는 것 자체가 치유적인 경험이 될 수 있어요. 의식이 자신 안의 무의식과 소통하고 대화를 할 수 있을 때, 우리의 무의식의 에너지가 자신을 방어하거나 전투하면서 소모되거나 낭비되지 않을 수 있어요. 대신에 실제 현실에서 자신이 무언가를 생산하고 창조하며 살아가는데 에너지를 쓸 수 있게 되는 거죠. 충돌하고 갈등하면서 써왔던 정신적 에너지를 전환해서요.

상담심리 전반에서 몸에 대한 관심이 높아지기 시작한 것 같아요. 이유가 뭘까요?

오랫동안 서양 심리학에서는 마인드(mind)만 이야기해왔어요. 또 서양 의학은 바디(body)만 다루고 있어요. 이제 몸과 마음, 두 영역이 통합되기 시작하는 거예요. 원래 몸과 마음은 분리된 두 개념이 아니거든요. 그래서 마음을 이해하고 치유하기 위해 몸으로 접근할 수 있어요. 최근 심리상담 영역에서 소매틱(somatic)이 대두되고 있어요. 소마라고 하는 용어 자체가 바디마인드를 포함하고 있는 용어예요. 소매틱 사이코테라피(somatic psychotherapy)는 신체로 접근하는 심리치료를 의미하죠.

상담심리에서는 내담자의 현실을 있는 그대로 인정하기 위해 노력해왔는데요. 우리가 몸을 통해 구성되고 기억한다고 가정한다면 모든 개인의 역사는 누군가가 판단하거나 부정할 수 없는 절대적 진실이라는 생각이 들었어요.

고통이라는 건 주관적 현실이거든요. 남들이 봤을 때 별거 아니라고 해도 나에게는 분명한 고통인 거죠. 나의 역사 안에서 고통으로 느끼고 나의 몸으로 감각되는 진실인 거죠. 감정을 느낀다는 것도 사고체계의 결과가 아니라 감각이에요. '지금 내가 어떤 상태이지?' 물었을 때 감각으로 느껴야 알 수 있는 거거든요. 애초에 언어는 누군가와 소통하기 위해 발달한 것이지만 몸은 나와 소통하는 창구라고 할 수 있어요. 생애 초기에 우리의 몸은 충분하게 감각하고 생생하게 살아있어요. 그런데 살아가면서 자신을 방어하기 위해 몸을 차단해 버리거나 감각하지 않는 경우가 많아요. 아니면 어떤 자극에 굉장히 예민해져서 실제보다 과도하게 반응한다든지요. 최근에는 뇌과학의 발달과 함께 트라우마 치료에서도 신경계를 많이 이야기해요. 신경계는 뇌에만 있는 게 아니라 몸 전체에 말초신경 끝까지 존재하는 거잖아요. 그래서 몸의 기억이라는 건 신경계의 기억이기도 해요. 그리고 그 개인의 기억 안에서 어떤 자극이 나한테 고통을 줬기 때문에 차단을 하거나 과잉반응 하게 되는 거예요. 트라우마라는 마음의 상처가 의식 선상에 있다기보다는 무의식 선상으로 밀려 나가기 때문에 그걸 치료하려면 결국 몸으로 가 닿을 수밖에 없는 거죠. 몸의 감각에 접근하기 전까지는 온전하게 변화해내기가 어려워요. 몸으로 감각하고 자각하는 경험까지 갈 수 있어야 감정을 알아차릴 수 있고 소통할 수 있기 때문에 신체와 심리는 분리할 수 없는 것 같아요.

그러면 그 트라우마적 기억은 어떻게 만나고 해소될 수 있을까요?

우리가 트라우마를 머리로 이해한다고 해서 경험이나 감각이 바뀌진 않아요. 트라우마를 경험한 몸의 기억을 바꿀 수 있어야 해요. 그걸 도와주는 거예요. 춤이라고 얘기를 할 수도 있겠고, 트라우마 충격으로 끝내지 못한 어떤 행동의 완결, 행위의 완결이라고 할 수도 있겠죠. 당시 트라우마 장면에서 내가 심리적으로 도망을 가버리고 그다음에 싸우지 못했단 말이에요. 그때의 상황에서 주로 해리 증상이 일어나고 이후에도 지속이 되는 거죠. 해리는 몸과 마음이 분리 돼 버리는 거예요. 너무 공포스럽고

고통스러우니까요. 의식이 빠져나가는 느낌이어서 기억을 못 할 수도 있어요. 그런데 몸은 기억하고 있어요. 물론 심리적으로 도망간 이유는 생존이예요. 생존하기 위해서 도망을 가거나 차단해버렸지만 그러고 나서는 계속 살아있지 못한 상태로 사는 거죠. 지금 현실에서도 감정을 느끼지 못하는 경우가 많고요. 치료라는 건 그때-거기로 돌아가지 않고 만약 내가 그 상황에서 하고자 하는 행위를 완결했다면 어떻게 했을 것인가를 지금-여기에서 몸으로 시도해보는 거예요. 몸으로 재연을 하면 그때-거기에서 하지 못했던 행위를 완결했기 때문에 더 이상 자신의 감각으로부터 도망가거나 감정을 차단하지 않을 수 있어요. 방어기제를 쓰지 않게 되는 거예요. 트라우마틱한 경험은 지속적으로 반복돼요. 결국 해결하고 통과하고 싶기 때문에 계속 그 감각이 불러일으켜지는 거란 말이에요. 이러한 경험을 반복강박이라고 해요. 해결을 위해서는 그 지점의 정서가 몸으로 다시 접촉이 되어야 하고 그때 하지 못했던 정서를 밖으로 압도되지 않으면서 안전하게 방출해야 하는 거예요. 예술치료에서는 그게 음악이든 미술이든 동작이든 창조적 변환(creative transformation)라고 이야기해요. 트라우마 사건을 재방문해서 체험적으로, 정서적으로 재경험을 하고 또 그걸 의식이 바라보고 언어화하고 의미 부여를 하면서 통과해내는 과정인 거죠. 그렇게 성장통을 겪으면서 통과해내고 나면 의식의 성장이 일어나게 되지요.

제 경우에는 공적인 상황에서 반복적으로 사회불안을 경험하는데요. 그럴 땐 굉장히 횡설수설하게 되고 몸이 떨리는 반응이 나타나요. 치료를 위해서 어떤 방법을 사용할 수 있을까요?

몸의 관점으로보면, 극심한 스트레스에 대한 신경계의 반응이라고 할 수 있어요. 3가지 신경계의 반응이 있는데, 첫 번째는 안절부절 못하는 투쟁-도피(fight-flight) 반응이에요. 자동차로 비유하자면 갑자기 엑셀을 확 밟고 가버리는 감각이죠. 두 번째는 몸의 감각을 완전히 차단해버리는 셧다운(shut-down) 반응, 급브레이크를 밟아버리는 상태이고, 실신을 하거나 해리 증상 혹은 학습된 무기력으로 나타날 수 있죠. 세 번째는 얼어붙는 상태 동결(freezing)반응이라고 하고 도망가려고 하지만 실제로는 엑셀과 브레이크가 동시에 걸린 상황이죠. 어떤 의미에서 무용동작치료는 이런 신경계의 반응을 훈련시키는 것이라고 얘기할 수 있어요. 이런 상태에서 머리의 사고가 아니라 몸으로 안정화 할 수 있는 기법을 배우는 거죠. 우리가 마음먹는다고 마음이 마음대로 되는 게 아니잖아요.

저는 미국에서 대학원을 졸업하고 첫 직장에 다니고 있을 때 처음 공황을 경험했어요. 뉴욕에 백년 된 아파트 스튜디오에서 혼자 살고 있었는데요. 화장실에서 씻고 나오려고 문을 여는데 안 열리는 거예요. 순식간에 과호흡이 걸리고 죽을 것 같은 느낌이 들었어요. 지금은 패닉증상이었다는 걸 알고 있지만 그때는 몰랐어요. 그러면서 '난 여기서 죽겠구나', '혼자 살고 있는데 화장실 문은 열리지 않고 나는 갇혀 죽겠구나'라는 생각이 들었어요. 다리 힘이 풀려서 털썩 주저앉았는데 그때 놀랍게도 의식이 굴복했을 때, 제 몸이 스스로 공황에서 빠져나오는 경험을 할 수 있었어요. 당시에 제가 여러 가지로 스트레스를 받고 있어서 명상센터를 다니기 시작한 때였거든요. 위빠사나 명상이라고 호흡명상법을 배우고 있었어요. 할 수 있는 게 없으니까 주저앉아서 숨을 내뱉기 시작한 거

죠. 처음에는 호흡이 잘 안 돌아오더라고요. 얼마나 시간이 지났는지 점점 신경계가 안정화되면서 생각을 할 수 있는 상태로 의식이 돌아왔어요. '아 그래, 내가 여기 갇혔다고 생각했지', '안 되면 이 허술한 문고리를 떼거나 부술 수도 있겠구나.' 그런 심정으로 문고리를 돌리니까 열리는 거예요. 그때 호흡을 통해서 공황을 빠져나올 수 있다는 것을 제 몸으로 체험했어요. 공황은 한번 시작되면 계속 찾아오더라구요. 이후에 비행기에서도 과호흡이 걸린 적이 있는데 그때도 발바닥을 바닥에 접지하고 내쉬는 호흡을 통해서 극복했어요. 제 신경계에 회복을 만들어 내는데 유용한 방법이 그라운딩과 호흡인 거죠. 내담자 분들도 어떤 증상이 왔을 때 자신의 몸을 통해서 깨어진 리듬을 다시 살리는 경험을 배울 수 있어요. 때로는 다시 만나는 트라우마 때문에 격렬한 감각적인 반응들이 올 때도 있어요. 이때는 같이 호흡이나 움직임을 함께 해주면서 상호-조절(co-regulation)을 하기도 해요. 무용동작치료는 궁극적으로 내담자의 신경계 조절력을 회복하도록 도와줄 수 있어요. 그런 표현을 쓰거든요. '문을 닫는 법을 배우기 전에는 문을 열지 마라.' 너무 압도될까 두려워서 열 수 없는 것일 수도 있으니까요. 조금씩 열어갈 수 있는 방법들을 구조화된 방법으로 탐색하고 연습해야 해요. 압도되지 않고 스스로의 잠재력으로 힘 있게 표현해낼 수 있게요. 거기까지 가는 경로는 제각각이에요. 내담자가 가지고 있는 자원이 취약하다면 자원을 만들어 주는 작업을 더 많이 해야 할 수도 있고요. 준비가 돼 있다면 고통과 분노를 표현하거나 상실을 애도하는 작업으로 빠르게 갈 수도 있죠.

무용동작치료라고 해서 어떤 우아한 동작을 만들

기 위해 노력하는 건 아닌 거죠.

그렇죠. 처음에는 구조가 필요해요. 완전히 자유로운 표현은 무용수도 어려워하거든요. 먼저 호흡을 배우면서 가로로 호흡을 할 것인지, 세로로 할 것인지, 삼차원으로 할 것인지부터 선택할 수 있죠. 내 호흡의 리듬을 알아가는 거예요. 아니면 밀어내기나 이미지를 활용해서 서서히 시작하는 거예요. 나무의 이미지를 가져온다면 바닥의 뿌리부터 감각해서 견고한 기둥으로 부드럽게 가지를 펼쳐주는 식으로. 그렇게 무게 중심을 옮기면서 그라운딩을 시작하고 자유로운 표현으로 점차적으로 나아가는 거죠. **따라갈 수 있는 틀을 만들어 주는 거네요.**

그렇게 구조화 된 것이 안전하거든요. 갑자기 자유연상을 하면 자꾸 자의식이 검열을 하게 돼요. 조금씩 조금씩 열어주는 거죠. 안전할 때 자신의 감각을 느낄 수 있고, 자유로운 표현을 할 수 있는 무의식으로 들어갈 수가 있어요. 자신의 조절감각을 신뢰할 수 있게 되면 자발적인 즉흥표현을 할 수 있어요. 이것이 몸을 통한 자유연상이예요.

피나바우쉬의 공연을 본 적이 있는데요. 제 상식과는 다른 무용이라서 인상이 깊었어요. 움직임들이 의외적이고 일상적이라는 느낌 때문에 굉장히 아름답게 느껴졌어요. 내담자와 함께 움직임을 나누면서 감동받거나 아름다움을 느낀 적이 있나요?

피나바우쉬 워크샵은 무용동작치료의 워크샵과 유사한 점이 있어요. 무용수 안에서 본연의 것들이 표현될 수 있도록 환경을 만들어주면서 창작을 유도하거든요. 그런 내적 동기를 불러일으키게끔 하는 것이 예술치료사에게 중요한 능력이라고 생각해요. 참여자들이 안전하게 느끼고 자신의 내적 충동을 불러일으켜서 무언가를 표현하고 창조할 수 있도록 환경을 만들어주는 거죠. 그래서 자신의 고통까지 꺼내서 표현해보고 전환되는 경험을 할 수 있도록 안전한 공간을 홀딩해 주는 것이 예술치료사의 가장 중요한 전문성이라고 할 수 있어요. 치료 프로그램에 처음 오신 분들은 신체 표현에 대해 두려움을 갖고 있는 경우가 많고 금기시하는 사람도 있어요. 그러다 조금씩 마음의 문이 열리면 자유로움을 느끼기도 하고 감동을 느끼기도 해요. 우리는 들어주는 대상이 있고 자신의 속 깊은 마음을 표현할 수 있을 때 가장 행복을 느끼잖아요. 자연스럽게 감정을 표현하게 되는 거죠. 저는 즉흥 무용을 하는 누군가의 춤을, 가장 자연스러운 몸의 방식으로 자신을 표현하는 누군가의 움직임을 세밀하게 은밀하게 바라보는 첫 번째 목격자이기도 해요. 그런 과정 중에서 내담자가 스스로 변화를 일으킬 때 그 장면을 목격하는 것이 굉장히 감동적이에요. 그분에게 전혀 없었던 움직임이 나오고 그것이 힘있게 느껴질 때 그 힘이 저한테도 감각되는 거죠. 그래서 고통을 표현하는 것 자체가 감동일 때가 많아요. 고통과 분노를 표현하는 것은 엄청난 힘이고 용기잖아요.

증상도 자연스럽게 해결되는 경우가 많나요?

사안에 따라 달라요. 일반적으로 불안감이나 우울감과 같은 불안정한 정서 상태는 단기간에도 안정화되고 호전되는 경우가 많아요. 증상을 표현하고 자각하는 것만으로도 완화가 되기 때문이에요. 점점 통제에 대한 자신감도 생기고요. 그런데 증상의 뿌리 같은 기저 사안들을 다루는 건 시간이 걸리는 일인 것 같아요. 언어화하지 못한 감정들이 행동화하는 거거든요. 섭식행동, 수면행동, 성행동의 많은 것들이 발달 초기 단계의 애착관계에서 만들어진 행동이라고 봐요. 그런 부분들을 들여다보고 변화시키는 건 시간이 걸리는 작업이에요. 결국 심리치료는 관계에 있다고 생각하고 있어요. 우선 관계를 신뢰하고 그 신뢰 안에서 내담자가 여러 감정들을 꺼내서 만나보고 표현해보고 또 받아들여지는 일을 겪을 수 있는 장을 만들어야 해요.
내담자 분들은 보통 증상을 가지고 살아가다가 절박해진 상태에서 외부의 도움을 받으러 오는 거예요. 기존에 쓰던 모든 방법들이 작동되지 않고 너무 혼란스러운 상황인 거죠. 변화하기 위해서는 나와 세상을 달리 보고 모든 시스템을 바꾸는 계기가 생겨야 하는데 그게 단시간에 만들어질 수는 없어요. 하지만 상담관계를 유지하면서 지속적으로 내면작업을 할 수 있다면 누구나 성장을 하는 것 같아요. 모든 심리치료에서 증상의 완화는 1차적인 목적이에요. 내담자 분들은 증상의 완화 때문에 오겠지만 그 이후에는 내적 성장으로 나아가는 거예요. 좀 더 본질적으로는 그 증상들이 사실 성장을 할 수 있게끔 만들어주는 위기이자 기회일 수 있어요. 성장이란 것은 증상의 완전한 해결은 아닐 거예요. 성장은 자신의 증상을 알아차리고 좀 더 건강한 방법으로 잘 조절하면서 그것의 의미를 발견하게 되는 과정이죠.

스스로 증상을 겪으면서 치료사로 활동하고 있어서 그런지 남다른 의미를 갖고 계신 것 같아요.

어떻게 이 길을 왔을까 생각해보면 제 마음이 너무 힘들어서였던 것 같아요. 심리치료는 대부분 자기치유를 하면서 입문을 하는 것 같아요. 상처 입은 치유자라는 말이 있거든요. 자신의 상처를 치유하면서 치유자가 되고 그 상처는 누군가를 치유할 수 있는 중요한 자원이라는 거죠. 그거 하나로 계속 가는 것 같아요. 저도 제 개인분석을 계속 받으면서 가고 있어요. 중간에 좀 쉬기도 하고요.

진행하고 있는 새로운 프로젝트가 있나요?

몸을 통해 자신을 돌본다는 게 어떤 것인지, 몸으로 치유한다는 게 어떤 것인지 관련해서 책을 쓰고 있어요. 글 쓰는 일은 저에게 아직 미개발된 영역이라 새로운 도전이기도 해서 진도가 잘 안 나가네요. 그래도 사람들에게 와 닿을 수 있는 몸에 대한 이야기를 하고 싶어서 놓지 않고 있어요. 더 예쁘고 아름다운 몸을 만드는 게 아니라 마음을 돌보고 편안하게 할 수 있는 몸에 대한 이야기를 꼭 하고 싶어요. Ⓜ

가장 안전한 심리극

지경주 정신건강사회복지사

The Safest Psychodrama

심리극은 상처로 남은 과거의 사건을 연극적으로 재연해
당시를 재경험하고 감정을 해소할 수 있는 예술치료기법이다.
사회적 이슈를 통해 소통과 통합을 강조하는 사회극과 함께 드라마치료 혹은 연극치료라고 불린다.
정신건강사회복지사로 드라마치료를 접하고 각종 기관에서 활동하고 있는
지경주가 강조하는 것은 '안전한' 심리극이다.
참여자들이 자신이 원하는 방법으로 자신의 과거와 만날 수 있는 기회를 주기 위해서다.

드라마치료에 관심을 갖게 된 계기가 있나요?

1980년대 중반에 아역배우로 잠시 활동했습니다. 그때 배우 수업을 위해서 매주 TV드라마 분석 과제를 했는데요. 당시 '싸이코드라마 당신'이라는 프로를 보면서 심리극에 관심을 가지게 됐습니다. 그러고 나서 몇 년 뒤 용인정신병원에 심리극 자원봉사자로 참가하게 되면서 인연이 이어졌어요.

드라마치료가 추구하는 방향성은 무엇인가요?

내담자들이 도움을 요청하는 특정 어려움을 완화시키거나 해결하기 위한 방법으로 연극을 활용합니다. 내담자의 개성과 창조적 에너지가 반영된 연극이 개인에게 의미 있는 변화로 연결되도록 노력하고 있습니다. 그 과정에서 역할 바꾸기나 빈 의자 기법 같은 심리극 기법들이 활용되는 거죠. 드라마치료는 누구나 자신의 현재와 과거 속에서 주인공이나 조연이 될 수 있고 마음에 들지 않는 이야기를 바꾸거나 부족한 이야기를 채워보면서 스스로를 새롭게 만날 수 있는 방법입니다. 지나간 과거를 돌릴 수는 없지만 그때의 이야기는 언제든지 내 머릿속에 가슴속에 떠오를 수가 있습니다. 그걸 지금 여기서 수정해보고 보완해보고 뜯어고쳐볼 수 있어요. 그래서 과거보다 좀 더 적극적으로 대처할 수 있게 하고 자신의 잠재력을 확인할 수 있게 하는 거죠.

'안전한' 심리극을 강조하는 이유가 있나요?

대중적으로 알려진 드라마치료가 내담자의 울분을 이끌어내는데 초점을 둔다는 생각이 들어 불편합니다. 저는 신속하게 주인공의 감정을 끌어내기 위해 의도적으로 자극하는 것은 좋지 않다고 생각해서 윤리적인 범위 내에서 자기표현을 돕고 있습니다. 재연과 연기의 과정에서 무리한 요구와 지시를 하지 않는 게 가장 중요하다고 생각합니다.

자신만의 방법론이 있으신 것 같아요.

저는 제가 진행하는 심리극에 책임지기 위해서 '안전한' 심리극을 한다고 설명합니다. 의뢰를 받아서 시설에 가면 거부감을 보이는 분들이 많이 있는데요. 남들 앞에서 사적인 이야기를 꺼내는 것이나 소리 지르고 화내는 것이 싫다고 하시는 분들이 많습니다. 그래서 내담자 이야기 속에 있는 부정적인 감정에 조심스럽게 접근하고 정리하려고 노력하고 있습니다. 함께 하신 분들이 모두 공감하고 나누는 시간이 될 수 있도록요.

프로그램은 어떻게 진행이 되는지 과정이 궁금합니다.

처음에는 몸풀이 웝업부터 시작해서 주인공을 정해요. 그분이 다루고 싶은 이야기를 듣고 나서는 설정을 해야 합니다. 등장인물은 누구이고 장소는 어디이며 무슨 이야기를 나눌 것인가, 사건의 시작과 끝은 어떻게 할 것인가. 그걸 정한 다음에 먼저 주인공에게 연출가의 역할을 하게 합니다. 자신의 과거와 같은 모습으로 묘사할 수 있도록 재현을 하고요. 그런 다음에 주인공이 그 상황 속에 들어가서 인물들에게 여러 가지 표현을 할 수 있도록 하죠. 내담자의 심정을 관찰해 가면서 가급적 마음을 풀어낼 수 있게 진행을 하게 됩니다. 마지막에는 함께 참여자들과의 이야기를 통해서 피드백을 받고 긍정적으로 마무리할 수 있도록 도와줍니다. 관객 중에는 주인공과 공감하는 분들이 있을 수 있고 그러다보면 추가적으로 이야기가 더 진행되기도 하죠.

실제 어떤 사례가 있나요?

국립정신건강센터에서 의뢰를 받아서 트라우마 증상 당사자 분들에게 심리극을 해드린 적이 있습니다. 제가 만난 분들은 가정폭력 피해자였어요. 지속적인 폭력 때문에 30, 40대가 되어서도 벗어나지 못하는 분들이었죠. 함부로 과거의 상황을 재연하면 위험할 것 같아서 충분한 소통을 먼저 시도했습니다. 그분들이 그 상황을 얼마나 묘사하는지를 봤습니다. 말로 어느 정도 설명을 할 수 있다면 그다음에 연극으로 옮겨 갔어요. 마음속으로 정리가 되어 있지 않으면 위험하다는 게 제 생각입니다. 그분들은 상처를 받았던 상황에 대한 직접적인 재연은 원하지 않았어요. 그분들이 하고 싶었던 건 가족에게 물어보고 싶었던 거예요. 그럴 때는 역할 바꾸기를 통해서 '왜 그랬는지', '무슨 감정이었는지' 대화할 수 있게 만들어줍니다. 그런 식으로 자신에게 상처 주었던 가족에게 당당히 자신의 생각을 말할 수 있도록 이어 갔고, 나중에는 당시의 자기 자신을 안아주면서 끝이 났던 것 같습니다.

주의해야 하는 건 내담자 스스로 충분히 준비할 수 있어야 한다는 겁니다. 목소리 톤은 어느 정도로 할 것인지, 어느만큼 표현하고 싶은지 미리 이야기를 해야 합니다. 발성연습도 많이 하게 권해요. 그렇게 하는 이유는 우리가 연극을 하고 있다는 인식을 주기 위해서인데요. 언제든지 연극에서 현실로 돌아올 수 있다는 안정감을 주는 거죠. 심리극을 하면서 다시 상처받아선 안 되고 스스로 자신이 원하는 방향으로 과거와 만나야 하니까요. 그때 내담자 분은

성숙한 사람으로서 아버지를 안아주고 싶다는 욕망을 갖고 있었어요. 자신이 원하는 쪽으로 감당할 수 있는 선까지 표현할 수 있도록 도와주는 거예요. 그걸 끌어주고 가이드 해주는 게 저의 역할이죠.

'혼자 글로 써보는 역할극'이란 프로그램을 진행하셨는데요. 어떤 방법인가요?

나만의 안전한 장소에서 글쓰기를 활용하여 특정 상황에 어떻게 대처할지, 나의 감정을 어떻게 안정적으로 조절하고 유지할지 연습할 수 있는 방법입니다. 현재 휴먼임팩트 협동조합 온라인 강좌에 사회복지사 대상의 글로 써보는 역할극을 소개했습니다. 제목은 '감정소진예방을 위한 사례관리자의 혼자 글로 써보는 역할극'입니다. 심리극 전문가 티안 데이튼의 아이디어를 참고했습니다.

가장 보람을 느낄 때는 언제인가요?

우울증으로 입원치료 중인 청소년이 있었는데요. 일 년 간 함께 하면서 우울증에서 벗어났고 검정고시도 잘 치뤘습니다. 학업을 위해서 병원을 떠나면서 저에게 자신도 사회복지사가 되고 싶다고 말했던 게 기억이 남네요. 몇 년 뒤 대학생이 되어서 함께 식사를 했고 현재는 유학 중입니다. 저는 내담자들과 함께 나이 들어가면서 서로 공감하고 공유하면서 의미 있는 사람이 되고 싶고 그럴 때 가장 큰 보람을 느낍니다. Ⓜ

소통을 위한 예술

Art to Communicate

강미선

282북스 대표
우울증을 겪은 후, 자신과 같이 마음 아파하는
사람들을 위한 글쓰기 기반 예술 치유 활동을
진행했다. 현재 마음을 예술로 치유하는 예비
사회적기업 282북스를 운영하고 있다.

어느새 허리까지 길어버린 시커먼 머리카락을 짧게 자르고, 갈색으로 염색을 했다. 다시 집 밖으로 나와 내가 제일 먼저 한 일은 미용실 거울 앞에 앉는 일이었다. 낯설었다. 살이 잔뜩 쪄 있었고, 표정은 어두웠다. 어딘지 모르게 주눅들어 있었다. 현재의 나를 그렇게 똑바로 마주보는데 1년이 걸렸다. 어둠 속에 나를 가두고, 아무것도 하지 않음으로 매일 내 마음에 생채기를 냈다. 당시 나는 미래에 대한 불안을 넘어 현재에 대한 부정이 강한 상태였다. 우울증이었다. 해결 방법은 간단했다.

1. 문고리를 잡고, 집 문을 연다.
2. 두 발로 걸어 병원에 찾아간다.
3. 상담을 받고, 약 처방을 받는다.

불행하게도 나에게는 문고리를 잡는 그 간단한 일을 해내기 위한 손톱만큼의 용기가 없었다. 그때 내가 할 수 있는 최소한의 행위가 글을 쓰는 일이었다. 새벽 4시 30분부터 울기 시작하는 새들에 대해, 옆집 할머니의 가래 끓는 기침소리에 대해, 그저 내가 바쁜 걸로만 알고 있는 친구들에 대해, 나의 안부를 묻지 않는 가족들에 대해. 그리고 나에 대해 썼다. 나를 분석하고, 나를 탐색하고, 나를 들여다보며 끝없이 나에게 "왜?" 라고 물었다. 글을 쓰는 시간동안 나를 가장 깊이, 오랫동안 들여다볼 수 있었다. 무엇을 원하는지, 무엇이 필요한지 무엇 때문에 이러고 있는지. 한 번도 깊이 탐색해본 적 없는 나를 들여다보고, 글로 썼다. 그러고 나서 문을 열고 나와 병원을 찾아갔다. 그 귀한 시간이 지금의 나를 만들었다. 글을 쓰며 문고리를 잡고, 돌리고, 문을 열고 나갈 수 있는 용기를 만들어 냈다.

글을 쓰는 행동이 직접적으로 나를 치료한 건 아니다. 나의 우울증은 내가 하는 내면의 소리를 충분히 듣지 못해서 생겼다. 나를 탐색한 시간 덕분에 치료를 위해 선행되어야 하는 내면의 용기를 찾을 수 있었다. 예술이 치유의 효과를 가지고 있다고 말하는 이유는 예술 활동 자체가 스스로의 내면을 들여다보고, 그것을 표현해 내는 행위이기 때문이라고 생각한다. 내면의 소리에 집중하고, 그것을 밖으로 표현할 수 있다는 것, 그 자체가 예술이고 마음 치유를 위한 핵심이다.

세상과 단절한 칩거 생활 동안 나를 제외한 모두가 행복해 보였다. 나만 불행하고, 나만 힘들고, 나만 아프다고 생각했다. 그게 아니었다. 세상에는 아픈 마음을 숨기고 사는 사람들이 너무 많았다. 그들과 내 경험을 나누고 싶었다. 여기에 당신과 같은 사람이 있다고 말하고 싶었다. 그렇게 사람들의 아픈 마음을 예술로 치유하는 282북스를 창업했다.

282북스는 예술을 기반으로 하는 사회적처방 콘텐츠를 연구 개발하고, 운영한다. 단순히 예술을 '활용'한 치유가 아닌, 예술가와 함께 자신의 이야기가 담긴 작품을 만들어 가는 '예술적 경험'을 통해 사람들은 마음을 치유한다. 단순한 '경험'이 아니라 짧게는 6주 길게는 3개월 동안 충분히 나를 탐색하고 내면의 아픔을 들여다보는 스스로와의 소통의 시간이다. 그 과정을 거쳐 만들어진 작품을 세상에 공유하고 이야기를 전한다. 특히 사회에서 자신의 이야기를 제대로 하지 못하고 있는 '사회적 소수그룹'을 대상

으로 그들이 사회로부터 받고 있는 편견과 오해에 집중하고, 자신들의 이야기를 예술을 통해 펼쳐 낼 수 있도록 돕는다. 마음이 아픈 사람들. 그 중에서도 '사회 소수그룹'이라는 특정한 그룹을 대상으로 예술 치유 프로그램을 운영하는 이유는 사회 문제의 발생 원인을 '소통의 부재'에 두고 있기 때문이다.

사회의 편견은 서로 잘 모르는 상태에서 생겨나고, 서로 알아 갈 방법을 모르기 때문에 지속되고 있다. 나도 그랬다. 내 안의 아픔만을 바라보느라 남이 겪고 있는 아픔을 몰랐고, 남이 하는 이야기를 듣지 못했다. 282북스를 시작하면서 내 주변에서 일어나고 있는 아픔에 대해 먼저 관심을 가지기 시작했다. 아버지의 뇌수막종 수술 이후, 생각도 못했던 병원 생활을 통해 암환자와 보호자가 겪고 있는 마음의 상처와 사회의 편견을 마주하게 되었다. 키우는 강아지가 점점 나이가 들어 언제 무지개다리를 건널지 모르는 상황이 되니 다른 반려동물 가족들이 겪고 있는 아픔이 보였고, 반려동물을 잃고 난 후의 상실감을 이르는 '펫로스 증후군'에 대해 알게 되었다. 서비스직에서 일하며 감정노동직군이 겪는 불평등을 현장에서 직접 경험하게 되었다. 사회가 사람들의 마음에 상처를 내고 있었다. 상처받은 사람들의 마음을 치유하는 것을 넘어, 다시 상처받지 않기 위한 사회가 만들어져야 한다고 판단했다.

암 치료 과정과 완치 후 사회에서의 편견으로 인해 정신적 고통을 호소하는 환자들은 현직 모델과의 워킹 수업 후, 패션쇼 런웨이 위를 걷는다. 키우던 반려동물 가족을 먼저 떠나보내고 '펫로스 증후군'을 앓고 있는 사람들이 작가와 함께 떠난 반려동물의 모습을 그림으로 그리고 전시를 한다. 도시의 감정 노동자들이 배우들과 함께 마음을 표현하고 소극장 무대에서 자신의 이야기로 공연한다. 대중이 외면하던 딱딱한 사회 문제에 예술이라는 옷을 입혀 조금 더 부드럽게 접근할 수 있도록 프로그램을 진행했다. 사회 소수그룹과 대중 사이 소통의 가교 역할을 예술이 할 수 있었다.

여전히 나는 세상에 대해 공부하고 있다. 매일 다양한 문제들을 마주한다. 나도 모르는 사이 사람들에게 상처 주고 있었고, 또 상처받고 있다. 한순간에 소통하는 건강한 사회가 만들어지지는 않을 것이다. 282북스를 통해 사회의 다양한 문제에 대해 함께 고민하고 논의하자고 끊임없이 사람들에게 이슈를 던질 예정이다. 예술을 통해 개인의 마음 치유를 넘어 우리 사회가 겪고 있는 다양한 갈등을 해결하고, 아파하고 있는 이 사회도 치유하고 싶다. 할 수 있을 것이다. Ⓜ

심연을 마주하다

Facing The Abyss

심연_옥상훈

장혜림

99아트컴퍼니 대표
인간의 존재론적 가치에 대한 주제 의식을 갖
고 '영혼에 울림을 주는 춤'을 모토로 작품을
이어오고 있다. 내면에 존재하는 다양한 이야
기를 춤으로 이끌어 내는 작업을 통해 관객들
과 함께 에너지를 나누고자 한다.

마음이 몹시 괴로웠던 시기가 있었다. 2014년, 우리나라 온 국민이 슬픔에 잠겨야 했던 세월호 사건을 겪었던 그 시기, 내 안에 깊은 울음이 자리하게 되었다. 아무것도 할 수 없는 무기력함과 지속되는 슬픔에 물음이 찾아왔다. 나는 무용가로서 지금 어떤 춤을 추어야 할지에 대한 숙제가 안겨졌다. 당시 무용수들과 함께 스스로에게 던진 질문은 다음과 같다.

-우리는 타인의 슬픔을 얼마나 이해할 수 있을까?
-우리는 춤으로 그들의 슬픔을 대변할 수 있을까
-우리는 춤으로 그들을 위로할 수 있을까?

우리의 답은 모두 "No"였다. '우리는 타인이 겪는 슬픔을 헤아리지 못하며, 춤으로 그 슬픔을 대변할수 없고, 우리는 춤으로 그들을 위로 할 수도 없는 존재이다.'라는 결론에 다다랐다. 그럼에도 불구하고답답한 이 마음을 어떻게 춤으로 풀어내야 할지에 대한 질문은 계속됐다. 우리는 인간 내면에 존재하는 고유의 슬픔에 집중해 보기로 했다. 그러기 위해서는 자신의 내면을 들여다봐야 한다고 생각했다.

우리는 각자의 슬픔과 마주해 보기로 하고 구성원 모두가 스스로와 만나는 시간을 가졌다. 자신의 슬픔을 누군가와 나눈다는 것이 어색하게 느껴졌지만 용기 내어 자신의 이야기를 들려주었다. 오래전겪은 일을 상세하게 적어 내려간 무용수도 있었고, 본인만이 이해할 수 있는 방식으로 표현한 무용수, 감정을 어떻게 글로 옮겨야 할지 몰라 단어로만 제시한 무용수도 있었다. 오래도록 꺼내지 못했던 이야기를 각자의 방식으로 마주하고 서로 들어주었다. 다른 누구의 슬픔이 아닌 자신의 이야기, 아마 한번도 꺼내어 본 적이 없었을 이야기였다. 그저 공감해 주는 것만으로도 몰랐던 부분을 조금씩 이해하게 되었다.

작품 제목은 〈심연〉으로 지었다. 사실 지어진 이름이라기보단 떠오른 것에 가깝다. 심연을 준비하며그동안의 연습과는 다른 방식으로 접근하고자 했다. 내면에 존재하는 슬픔의 응어리를 어루만지는, 즉몸의 근육을 푸는 것처럼 마음에 굳어진 근육을 풀어가는 의식을 행한 것이다. 두 명씩 짝을 지어 아무말도 하지 않고 서로의 눈을 바라보며 머무르는 시간을 갖기도 하고, 포옹을 하며 서로의 온기를 느끼는 시간을 갖기도 했다. 약속된 시간 동안 상대방과 대화를 나눴고, 눈을 감고 온전히 자신에게 집중하는 순간도 가졌다. 다양하게 숨 쉬는 방식을 찾고 울음에 가까운 소리와 함께 움직여 보기도 하며 있는힘껏 소리를 내지르기도 했다. 마치 깊은 명상을 한 것 같은 혹은 뜨겁게 통성기도를 하고 나서와 같은기분을 경험했다. 우리의 내면은 조금씩 온기를 더해갔고 이전보다 많이 웃으며 춤을 추었다.

"몸부림에 굽이치듯 영혼의 물결이 일면
다시 배 띄우리 깊고 깊은 내 영혼의 바닷속에서"
-〈심연〉 작품내용 중-

공연을 준비하며 진심을 다해 춤을 추는 것, 누군가를 연기하지 않고 온전한 자신의 모습으로 춤추는 것에 대해 많은 이야기를 나누었다. 그리고 타인을 위로할 수는 없지만 자신을 스스로 위로하며 이 작업을 통해 진정한 회복을 경험하고자 하는 마음을 나누었다. 공연 중에 우리는 서로의 숨소리를 듣고 눈빛으로 교감했다. 하나 된 마음으로 춤을 춘다는 건 살아있다는 걸 느끼게 했다. 무대 위에서 우리는 아주 끈끈하게 유대하고 있음을 알고 있었다.

공연을 마치며 모두 눈물을 흘렸다. 그저 흐르는 눈물이 아닌 북받쳐 터져 나오는 눈물이었다. 위로받은 기분이었다. 그리고 슬픔에서 머무르지 않고 한발 나아간 것 같은 느낌이 들었다. 무대를 마치고 내려오니 한 관객 분이 나를 꼭 끌어안아주며 고맙다고 말씀하셨다. 함께 울어준 눈물의 의미를 알 수는 없었다. 다만 참 따뜻했다. 이후로 심연은 많은 무대에서 공연됐다. 많은 관객들을 만났고 많은 박수를 받았다. 놀라웠던 것은 거듭된 연습과정과 공연을 통해 우리 내면에 꺼내기 힘들었던 이야기들이 담담히 마주할 수 있는 이야기로 조금씩 변화되었다는 사실이다. 영혼에 물결이 일면 가라앉았던 배도 다시 띄울 수 있으리라 믿게 된 산 경험이었다. 그 믿음으로 우리는 마음을 다해 춤을 추려 한다. 슬픔에 돛을 달고 바다를 항해하길 바라며, 영혼의 일렁임이 당신에게 전해지길 간절히 바라는 마음을 담아. Ⓜ

심연 정재훈

less crazy and less alone
: 호스퍼스의 사진을 바라보며

Looking At A Panoramic Hospers Photo

박지수

보스토크 매거진 편집장. 월간사진, VON,
포토닷을 거쳐 줄곧 사진잡지에서 마감에
시달리며, 사진과 글을 고르고 다듬는 일을
해오고 있다. 사진 전시/판매 플랫폼 　더
스크랩 　(2016)의 공동기획에 참여했고,
사진전 〈리플렉타 오브 리플렉타〉(2016),
〈이민지 개인전: 사이트-래그〉(2018)를
기획했다.

창문이 없는 방은 어둡다. 어두운 방에 홀로 서 있는 그녀의 눈빛은 더 어둡다. 어두운 눈빛에 서린 그녀의 마음은 더 어둡다. 어두운 방은 정신병동의 독실, 어두운 눈빛을 지닌 그녀의 이름은 라우라 호스퍼스(Laura Hospes), 어두운 마음에는 견딜 수 없는 자해와 자살 충동이 가득하다.

네덜란드의 사진작가 라우라 호스퍼스가 독실에 갇혀, 카메라를 들고 촬영한 셀프 포트레이트에는 온통 짙은 어둠이 끈적거린다. 어둠 속에서 한줄기 빛이라도 찾듯이 그녀는 카메라를 통해 자신을 바라본다. 상처투성이인 손과 발부터 상실감이 하나의 표정처럼 굳은 자신의 얼굴까지 그녀가 바라본 자신은 사진이 되어 우리에게 보여진다.

손목에 깊게 새겨진 흉터들이 마치 나이테처럼 그녀의 어두운 시간을 전해준다. 사진은 소리가 존재할 수 없는 이미지의 세계이지만, 호스퍼스의 사진은 비명소리가 들리는 것 같은 착각을 일으킨다. 그녀의 사진책 〈UCP〉(Lecturis, 2016)는 한 장, 한 장, 깊은 상처와 날카로운 비명으로 눈과 귀를 먹먹하게 만든다.

책의 제목 'UCP'는 호스퍼스가 자살 이후, 우울증과 섭식장애를 치료하기 위해 입원했던 정신병원의 이름이다. 입원한 이후에도 자살충동이 더 심해진 그녀는 독실에 머물러야 했다. 그 방에서 날카롭고 뾰족한 물건은 일체 사용이 금지되었다. 그리고 그녀에게 한 번에 하나의 물건만 소지하는 것이 허용되었다. 가령, 전화기를 사용하려면 노트북을 반납해야 되고, 카메라를 사용하려면 전화기를 반납해야 하는 식이다.

사진책 〈UCP〉에는 호스퍼스가 '인생에게 가장 힘들었던 순간'으로 기억하는 시기가 담겨있으며, 이는 그녀가 독실에서 카메라와 단둘이 보내는 시간을 늘려갔기 때문에 가능했다. 그 시간이 차곡차곡 쌓여있는 〈UCP〉를 바라보면, 자살을 위해 칼을 쥐었던 손에 카메라가 들려있는 장면을 상상하게 된다. 스스로를 죽이는 일 대신 스스로를 바라보기 시작한 그 순간의 의미를 곱씹어보게 된다.

사진은 대상과의 거리를 필요로 하는 시각 매체이다. 너무 가까워도, 너무 멀지도 않은 가시거리가 필요한 것이다. 호스퍼스가 칼 대신 손에 쥔 카메라는 그녀의 눈이 되어 적당한 거리에서 스스로 만든 상처와 흉터를 바라보게 한다. 그건 일종의 자기객관화 과정이며, 동시에 자신과의 대면과정이기도 하다. 그 과정을 통해서, 상처를 내는 동시에 상처를 입는 자신을 새롭게 만나게 된다.

이러한 여정이 담긴 사진책 〈UCP〉에서 치유의 상징과 의미를 읽어내고 싶은 마음이 자연스럽게 생겨난다. 하지만 호스퍼스는 분명하게 말한다. "셀프 포트레이트를 찍는 과정이 저를 치유할 수는 없어요. 제 인격장애는 완치될 수 없는 것이죠. 다만, 사진 찍으면서 하루를 견딜 수 있었어요. 특히 밤에 말이죠."

사진_타별사진관

호스퍼스는 촬영하고, 인쇄하고, 편집하고, 그 결과물을 보여주는 과정에서 치유보다는 자신의 생각과 감정을 살피고 정리하는 데 집중한다. 그 누구보다 카메라가 자신을 잘 이해한다는 사실을, 그녀는 분명히 알고 있기 때문이다. 이 과정에서 우리가 치유에만 주목한다면, 호스퍼스의 모든 시도는 오로지 병이 낫거나 낫지 않음의 결과에 따라 의미가 좌우된다.

하지만, 병을 치유하고 극복하는 결과와 상관없이 하루를 견디는 과정도 충분히 의미 있는 것은 아닐까. 꼭 승패가 갈리는 싸움처럼 투병(鬪病)해야만 하는 걸까, 그런 의미에서 호스퍼스는 여전히 치병(治病) 중이다. 그 과정을 스스로 바라보는 것에서 더 나아가 사진 작업으로 보여주면서 그녀는 타인과 연결된다. 그리고 자신의 고통을 들어줄 타인이 존재한다는 사실을, 자신만 그런 고통을 겪고 있는 것이 아니라는 사실을 확인하게 된다. 이 과정의 의미는 호스퍼스의 표현을 빌려오면 이렇다. "less crazy and less alone." 이 말에서 그녀가 그 고통 속에서도 또 하루를 견딜 수 있었던 이유를 짐작할 수 있다.

손에 칼을 쥐든, 카메라를 들든 호스퍼스의 모든 시도가 결국, '나'를 견디고 또 견디지 못하는 예민한 감각에서 비롯됐다면, 자신의 고통과 대면하려는 시도라면, 이를 보는 이들에게 필요한 것은 결과에 따른 찬사와 동정이 아니라 그 과정에 동참하는 일이다. 그 철저하고 처절한 호스퍼스의 시각적 자기분석에 동행하는 것이다. 그녀가 작업에서 자신의 사적이고 내밀한 삶을 들여다보도록 우리를 초대하는 이유도 여기에 있을 것이다. Ⓜ

예술이 우리를 낫게하는 방법

How Art Heals Us

'차이점, 다양성, 경험에 대한 다양한 수준의 해석은
다시금 새롭게 그 가치를 부여받고 있다.'
-다리아 할프린

예술치료에 대한 오해

예술치료에 대한 일반적인 시선에는 여타의 학문과 비교해 전문성이 떨어진다는 오해가 존재한다. 정신의학, 상담심리학과 달리 예술치료는 부수적으로 활용하는 도구에 불과하다는 인식이다. 하지만 예술치료는 상담심리학을 바탕으로 발전했고 현상학적 심리학의 흐름에서 매우 중요한 위치를 차지하고 있다. 치료에 있어 언어적 한계를 넘을 수 있는 가장 유용한 방편이기 때문이다. 현재의 상담심리학은 자신 내·외부의 갈등을 해결하기 위한 내담자의 창의와 개성화를 전적으로 지지하며 적극적인 목표로 삼고 있다. 분과학문의 경직성과 현실적인 여건 탓에 실현이 되지 않을 뿐이다. 결과적으로 우리가 마주하게 되는 심리상담은 대체로 증상의 근원이 되는 내담자의 무의식과 자동적 사고를 드러내기 위해 언어에만 의존하는 모습을 보이게 된다.

언어상담을 경험하고 나서 무의미한 자기고백의 시간을 보냈다는 후회와 허전함이 남는다면 이 때문일 가능성이 크다. 내담자는 자신 안의 문제를 스스로 발견하고 알아차리는 과정을 통해 현실과 갈등하는 사고를 넘어 좀 더 넓은 시야와 이해를 경험하게 된다. 상담자는 내담자의 작업을 지지하고 촉진하려 애쓰지만 단기간의 상담 과정과 상담 환경 자체가 만들어내는 구도의 경직성 때문에 내담자가 기대하는 만큼의 변화를 이끌어내기 어려운 경우가 많다. 프로이트의 정신분석을 상식적으로 받아들이는 풍토에서 내담자는 상담자와 마주하고 의자에 앉는 순간부터 수동적 태도를 갖게 된다. 상담사를 찾은 사람은 대체로 오랜 시간 무의식의 영역에서 잠재돼 있다가 표면화된 문제에 대해 대처방안을 찾지 못하고 혼란스러워한다. 전문가인 상담사가 자신의 문제를 대신 파악하고 일목요연하게 분석하며 극적인 해결법을 제시해 주기를 기대할 수밖에 없다.

상담을 통한 치료의 과정은 보다 적극적이다. 단순히 상담자가 제시하는 방법론과 세상에 대한 인식을 받아들이는 것이 아니라 스스로 자신의 존재를 밝혀내고 무의식에 자리하고 있는 다양한 풍경을 탐험하고 수용해내야 한다. 예술치료는 내담자가 치료과정에 적극적으로 참여하고 있다는 감각을 제공해 줌으로써 치료를 수월하게 한다. 무엇보다 자신 안에 내재하고 있는 문제를 예술이라는 매체를 통해서 직접 바라보고 확인할 수 있다는 점에서 자기 인식과 알아차림을 극대화 할 수 있다. 상담자와 내담자 사이에 놀이적으로 기능하는 예술의 매개를 놓음으로써 애착관계를 다시 자리매김할 수 있는 관계성과 소통에도 큰 도움을 준다.

상담심리학을 떼어놓고 목적 없는 놀이의 영역에 갇혀 있지 않는다면 예술치료는 대안적 기능이 아닌 독자적인 중요성을 갖게 된다. 예술만이 줄 수 있는 효과가 있기 때문이다. 정신의학에는 질감이 존재하지 않는다. 증상의 완화와 치료에서 약물의 역할은 절대적으로 중요하지만 신체의 영역에서 뇌 기능을 진단하는 의학의 사고에는 정신적 성장이 들어갈 자리가 없다. 사회적 관계에서 자신이 어떻게 행동하고 있는지, 스스로 자신을 어떻게 판단하고 있는지, 자신이 원하는 자신의 모습에 가까워지기 위해서 어떤 경로가 있는지 이해하고 추구하기 위해 예술치료는 보다 풍부한 자료를 제공해줄 수 있다.

문제는 지극히 현실적인 부분에 있다. 예술치료사에 엄격한 자격검증제도가 이루어지고 있지 않은 상황에서 내담자가 치료사의 전문성을 확인할 수 있는 방도가 마땅치 않다. 정신과 의사, 상담심리사의 경우와 마찬가지로 치료자와의 관계와 개인적 취향의 문제도 동시에 고려해야 한다. 자격검증이 확실한 분야에서도 성향이 자신과 잘 맞지 않는 경우 어려움을 겪게 되기 때문이다. 우리가 치료자의 자격을 문제 삼는 이유는 내가 겪고 있는 증상을 치료할 수 있다는 이론적·경험적 확신을 갖고 있는지 분명하지 않기 때문이다. 예술 치료 분야는 이미 질환의 완화와 치료 그리고 통증 완화에 도움을 줄 수 있다는 다양한 연구를 내놓고 있다. 쌓여있는 데이터를 확인하지 않고 신뢰하지 않는 치료자에게 치료를 받을 수는 없다. 여전히 우리는 시간과 경제적 비용을 무릅쓰고 적절하고 적합한 인연을 찾아 나서야 한다.

훌륭한 예술에 대한 강박

예술을 치유로 활용하고자 할 때 항상 문제가 되는 것은 '잘' 해야 한다는 강박이다. 모든 분야에서 경쟁과 성과를 미덕으로 삼는 문화에 익숙한 우리에게 아직도 예술은 완성과 성취의 영역이다. 누군가에게 보여주고 인정받기 위해서 기술적으로 더 나은 작품을 만들어야 한다는 요구가 우리 안에서 언제나 반복적으로 메아리친다. 예술이 예술 그 자체에 대한 의문을 제기한 시점부터 예술은 기술에 대한 강박에서 벗어나기 시작했다. 이제 예술은 우리가 모르고 지나쳤던 주제의 진실을 드러내기 위한 것으로 혹은 개성과 다양성 그 자체로 존중받고 있다.

필연적으로 우리는 몸에 대해 생각해야 한다. 이성중심적인 사고를 통해 세상을 관념적으로 바라본다면 누군가의 행동이 옳고 그른지를 판단하게 된다. 한 사람의 특성이 이성적 사고와 가치체계에 근거한다면 우리는 그 사람의 생각을 고칠 수 있다. 더 나은 사고와 판단이 존재함에도 그 누군가가 여전히 자신의 잘못된 사고에 고립돼 있다고 볼 수 있기 때문이다. 하지만 세상의 진실이 몸에 있다고 생각한다면 상황은 완전히 뒤바뀐다. 우리는 우리 몸의 상태가 변했을 때 세상을 인식하는 방법이 전혀 다른 방향으로 전환된다는 사실을 느끼곤 한다. 세상을 살아가는 모든 사람들은 자신이 경험한 몸의 기억과 반응을 통해 고유한 사고를 가진다. 몸은 진실과 거짓을 구분하지 않는다. 겪어낼 뿐이다. 우리 제각각은 자기만의 진실을 몸에 각인하고 있는 고유한 개체이며 그래서 세상에는 n개의 진실이 있다.

심리상담과 예술치료는 n개의 진실을 향한다. 세상에 절대적으로 믿고 따라야 하는 고정불변의 가치체계가 존재하지 않는다는 사실을 인정하기 때문이다. 치료에서 내담자의 진실은 전적으로 존중받는다. 다만 자기 자신과 세상에 자연스럽게 접촉하지 못하는 문제 행동들을 해결하기 위해 발견과 재창조를 도울 뿐이다. 예술치료는 내담자가 내면을 있는 그대로 받아들이고 고유한 존재로서 개성을 갖추게 될 때 치료가 완성된다고 본다. 예술의 과정도 이와 다름이 없다. 자기 자신 혹은 세상의 고유성과 다양성을 드러내면서 독창성과 창조성을 갖게 된다. 세상에 대한 인식이나 인간이 지각하고 반응하는 행동이 이미 예술적 활동이라고 말하는 이론들은 삶과 예술이 완전히 구분되는 그 무엇이 아니라는 사실을 보여준다.

예술이 끔찍해지는 유일한 경우는 무엇처럼 되려고 할 때이다. 무엇과 같이 되지 않으면 예술적이지 않다는 생각 때문이다. 우리가 우리 자신이기를 거부하고 무엇이 되려는 강박에 사로잡혀 있을 때 증상이 나타나는 것처럼 예술에 대한 강박적 사고는 마치 신체적·정신적 질환의 은유처럼 느껴지기도 한다. 그래서 우리에게 가장 중요한 것은 자신을 발견하기 위한 과정 안에 머무르는 것이다. 자기 자신의 모습을 시간 안에서 끊임없이 찾아 나서고 그 바탕으로 세상과 조화하려 애쓴다면 우리의 삶은 이미 무척 예술적이다. Ⓜ

Around.

우리의 선택

너무 예민한 나에게
: 미술치료 체험기

객원 에디터 이혜인

As a Highly Sensitive Person
: My Experience with Art Therapy

내가 예민한 사람이라는 자각은 언제쯤 시작된 걸까? 어렸을 때는 내가 둔한 줄 알았다. 자기인식이 잘못돼도 한참 잘못되어 있었다고 할 수 있겠다. '예민하다'라는 단어는 긍정적으로 쓰이기도 하지만, 주로 주변의 변화를 누구보다 먼저 알아차리고 그 변화에 대해 이야기하는 사람들이 가지는 오명이기도 하다. '예민하다'라는 단어 뜻을 알기보다 머릿속에 '예민하고 싶지 않다'라는 의지가 먼저 발현된 이유였다. 남들보다 잘 알아차리지만, 굳이 티는 내지 않는 쪽으로 행동하는 게 편했다. '이거 좀 그렇지 않나?' '이렇게 두는 건 잘못된 거 아닌가?' 하는 마음의 소리를 모두 무시하고, 평범하게 사람들에게 섞이고 주목받지 않는 개인으로 살아가려면 불가피한 선택이었다. 그 불일치를 바깥으로 내보내지 않고 안에서 다 참다 보면 자연스럽게 마음이 마모되고 쓸려서 다치게 된다. 이 불편이 내가 예민한 사람이기 때문에 생긴다는 사실은 성인이 되고 나서야 깨달았다. 이 불편이 어떤 것이고 왜 생긴 것인지는 알았지만 그렇다고 해서 불편의 존재가 사라지지는 않았다. 여전히 참고 살아야 하고 사람들의 말과 행동에 다치고 쓸린다. 그럼에도 조금씩 전제를 비틀어줌으로써 참는 방법을 배웠다. 내가 신경 쓴다고 뭐가 바뀌지는 않는다. 속도와 완성도를 위해서는 내가 참고 넘어가는 것이 더 도움이 된다. 일일이 하나씩 다 신경써봤자 나만 피곤하다. 이런 식의 말들로 애써 참고 지나친다. 그래도 하루가 끝나고 걸어온 길을 되돌아 볼 때는 여전히 아프다. 인생의 많은 중요한 일들이 겹치고, 변화를 온몸으로 껴안아야 할 때는 더 그렇다. 그런 때에 미술 치료를 만났다.

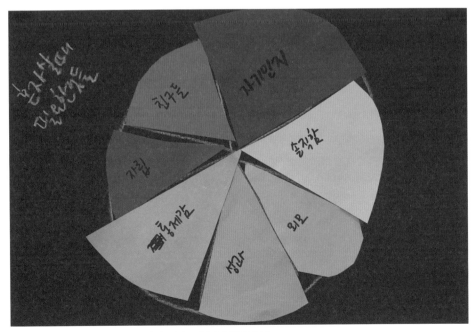

1회기 〈혼자 살아야할 때 필요한 것들〉, 검은 도화지에 색종이, 펜

바쁜 회사 일과 사람들의 무신경한 말과 행동에 거의 방전이 되어 있었다. 인생의 큰 변화를 앞두고 가족들에게도 많은 실망과 좌절을 경험한 때였기에 누군가 나에 대해서 설명해 보라고 하면 눈물부터 나왔다. 그래서 내 상태를 설명하는 것도 결코 쉬운 일이 아니었는데 미술 치료는 조금 신기했다. 이전에 받았던 상담은 대부분의 말과 조금의 글로 이루어졌던 것과 비교했을 때 미술치료에서는 말과 글 말고도 나를 표현할 방법이 여러가지가 있다.

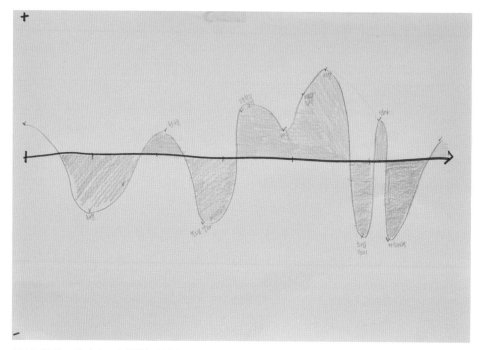

2회기 〈인생 그래프〉, A4지에 색연필, 연필

처음에는 물론 쉽지 않다. 직업적으로 친숙했던 사람이 아니면 마커나 색연필, 와이어나 휴지곽 등으로 나를 표현해보라고 하면 당황하기 마련이다. 나 같은 경우 글이나 말에는 훨씬 친숙했지만 갑자기 마음 속 기분이나 생각을 그림으로 표현해보라고 하니 막막하기 짝이 없었다. 중고등학교 때 미술시간이 인생에 알고 있는 그림의 전부인 사람이 마음 속 풍경이나 생각을 끄집어내는 과정은 지난하고 낯설었다. 하지만 그 무의식의 전개 과정을 지켜보는 것이 미술 치료의 일부이고 2회기 정도를 지나면 오히려 그 편이 편해지는 경험을 하게 된다. 굳이 언어로 나를 설명할 필요 없이 마음 가는대로 점토를 만지고 선을 그리는 작업이 말이나 글보다 더 나에 대해 잘 설명할 때가 있었다. 언어는 하나의 프레임이어서 다른 사람에게 내 생각을 전달할 때 효율성에서는 가장 뛰어날지 몰라도 정확성에 대해서는 그 우수함을 담보하기 쉽지 않다. 특히나 마음의 상태 같은 것을 전달하려 할 때는 더 그렇다. 마음 가는대로 그린 그림에서 나를 읽어내는 일이 전문가의 일이기 때문에 혹시나 전해지지 않을까 어려운 것을 설명하려고 전전긍긍할 필요도 없다.

좌 3회기 〈빗속의사람〉, A4지에 연필 우 3회기 〈화분〉, 휴지곽과 와이어, 도화지, 색연필, 물감

또 한 가지 신기했던 점은 아무 생각 없이 손으로 한땀한땀 채우는 작업의 즐거움이다. 작업이라고 하기에는 조금 거창하지만 한 회기 한 회기씩 거치고 나면 내가 직접 만든 것들이 하나씩 남는다. 미술치료에는 다양한 재료들이 사용되는데 색연필부터 아크릴물감, 나무조각, 휴지곽, 와이어 등이 그것이다. 마음 가는대로 시간을 들여 뚝딱뚝딱 만들어 내다보면 마음에는 그 작업만 남고 잡다한 생각이 사라진다. 사람이 우울할 때 몸을 움직이고 청소를 하고 운동을 하라고들 하는데 이 작은 작업에서도 비슷한 효과를 얻을 수 있다. 이것저것 만들고 붙이고 형태를 만들면 끝나도 마음에는 뿌듯함만 남는 경험이 여러 번 있었다. 이것 또한 처음에는 예뻐야 한다는 강박이 있었는데 그 부분을 캐치한 선생님이 다음 시간에 아이클레이를 가져오셨다. 아이클레이는 일종의 점토다보니 작업하는 사람의 의도대로 세밀하게 작업하기 힘들고, 작업의 결과가 우연성에 기대어 니더니는 경우가 많다. 그림을 그릴 때도 어긋나는 게 싫어서 밑그림을 그리고 그 위에 신짜 선을 그린다거나 하는 습관을 관찰하시고는 이런 재료의 사용이 필요하다고 판단하셨다고 한다.

5회기 〈내 인생에 영향을 끼친 사람에게 보내는 편지〉, 나무조각, 도화지에 색연필

4회기 때 이 작업을 하고는 치료와 작업을 받아들이는 시선 자체가 많이 달라졌다. 내가 어쩔 수 없는 것들을 받아들이고 강박에서 벗어나 그냥 마음가는대로 해도 된다는 판단에 이르게 되었다. 예민한 사람은 고민이 많다. 내 행동이 어떤 결과를 야기하게 될지를 늘 걱정한다. 외부 자극이 나에게 미치는 영향이 크듯이 거울처럼 내 행동도 그렇게 되리라고 생각하는 경우가 많다. 그것을 걱정하다보면 어떤 일이든 속도가 더뎌지고 의지 또한 약해진다. 예민한 사람에게는 섬세한 시선이 있지만, 나 자신의 시선을 모두 반영하다 보면 사회의 일원으로서 멀쩡히 살아가기가 힘들어 질 때도 있다. 그럴 때마다 나 자신을 다독이던 말들이 있지만, 치료에서 했던 작업들은 그런 깨달음을 체득의 영역에서 다시 습득할 수 있게 해준다. 어떤 과정을 거치게 하고 거기서 자연스럽게 익히게 한다. 이런 작업의 연속들은 조금 더 쉽고 부드럽게 내 사고방식을 수정해주는 역할을 했다. 내 자신에게 되뇌다 도돌이표를 만나게 될 때 보다는 훨씬 마음이 편해졌다는 걸 느꼈다.

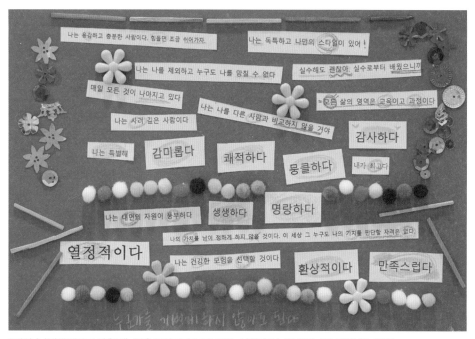

6회기 〈나에게 해주고 싶은 말〉, 붉은 도화지에 A4지 조각, 스팽글과 나무조각, 여러가지 오브젝트

모든 치료와 상담이 그렇듯이 한 번의 상담이 드라마틱하게 일상을 바꿔주지는 않는다. 너무 많은 기대를 하지 않는 일부터가 적합한 마음의 자세일 수 있다. 예민한 사람에게 산다는 건 하루하루가 마음을 수양하는 일이다. 다른 사람보다 외부의 자극에 훨씬 민감하고 마음의 반응 또한 내가 제어할 수 있는 경우가 많지 않기 때문이다. 상담이나 치료는 이럴 때 수양과 대처의 방법을 나와 진지하게 논의하고 수정해가는 일이라고 생각한다. 미술치료는 같은 역할을 하되, 말로 진행되는 상담과 비교했을 때 사용하는 수단이 다르고 작업에서도 훨씬 물성이 강하다. 예민한 사람들은 그것들로 인해 덜 수 있는 마음의 부담이 확실히 존재한다. 너무 많이 생각해서 받는 상처들이 있다. 일단 생각을 덜 수 있는 작업을 찾는 것부터가 상처에 대처하는 방법일 것이다. 그래서 조금이라도 일상을 편하게 받아들일 수 있다면 그것만으로 좋은 일이다. Ⓜ

상담자, 플로리다마음연구소 김소울 소장

홍익대학교에서 미술을 공부하고 가천의과학대학교에서 미술치료학 석사, 미국플로리다주립대학교에서 미술치료학 박사학위를 받았다. 현재 국제임상미술치료학회 회장을 맡고 있으며, 한국열린사이버대학교 상담심리학과 특임교수이자 가천대학교 조소과 객원교수이다.

미술과 치료의 영역에서 방대한 활동을 이어가고 있다. 13권의 책을 쓴 작가이기도 하다.
그중 〈그림으로 그리는 마음일기장〉은 오랜 미술치료 경험을 담아낸 자가치유 워크북이다.
정신적 아픔을 겪은 유명 미술가들과의 마음의 대화를 담은 〈치유미술관〉,
지친 마음을 다독여주는 에세이 〈오늘 밤, 나 혼자 만나는 나에게〉 등의
책을 통해서는 그의 풍부한 지식과 따뜻한 목소리를 만날 수 있다.

플로리다마음연구소에서는 미술심리상담, 펫로스 미술치료, 미술로 힐링하는 원데이클래스, 미술심리상담사 자격증과정 등 다양한 프로그램을 운영 중이다.

중독과 자해

섭식장애가 훼손하는 삶의 영역들

-플로리다 마음연구소 김소울 소장

How Addiction and Eating Disorders Can Damage Your Life

섭식장애가 시작된 이유는 개인마다 다르다. 그러나 섭식장애를 그만 두지 못하는 이유는 비슷하다. 먹고 토하거나, 굶거나, 많이 먹거나, 씹고 뱉는 행동에 중독되었기 때문이다. 중독은 크게 유해물질에 의한 신체적 중독(intoxication)과 의존증으로서의 정신적 중독(addiction)으로 구분된다. 섭식장애 행동은 의존성이 강한 행동중독 중 하나로서, 습관이 강화되어 갈망 및 탐닉의 감정까지 포함되는 개념이다. 특정행위에 중독될 경우 그 행동에 대해 심리적 의존성이 발생하여 행동을 강박적으로 반복하고, 중단하지 못하는 과정에서 신체적, 정신적, 사회적, 직업적인 손상을 수반한다.

중독의 조건

중독은 금단증상과 내성이라는 조건이 충족되어야 성립이 된다. 금단증상은 중독행동이 없어졌을 때 나타나는 불쾌한 감각들을 의미한다. 식사 후 구토를 반복적으로 하던 사람이 약속장소에서 식사를 하고 당장 토를 할 수 없는 상황이 되면 느껴지는 불안한 감정이 이에 해당한다. 거식 증상에 중독된 사람은 굶지 못하고 억지로 밥을 먹어야 하는 상황에 노출되면 패닉상태에 이르기도 한다. 내성은 같은 효과를 얻기 위해 점점 그 대상을 더 많이 필요로 하는 상황을 의미한다. 쾌감이 자극되는 상황은 신경전달물질 도파민의 분비를 촉진시키는데, 중독기간이 오래될수록 도파민의 수용체 수는 줄어들게 되고 중독자는 더 큰 자극을 찾게 된다. 처음에는 라면 1개를 먹고 토하는 것이 상당한 쾌감으로 느껴졌으나, 이후에는 똑같은 양을 먹고 토했을 때 이전과 같은 자극을 느끼지 못한다.

폭토와 약물중독 사이의 유사성을 분석하는 다양한 연구들이 발표되었는데, 터프츠(Tufts) 의과대학에서 발표한 연구결과에 따르면 폭토와 약물중독 모두 특정 상황이나 감정과 연결된 욕구에서 시작된다는 점과 긍정적인 자극과 기분을 위해 반복된다는 공통점이 있었다. 내담자들은 예전처럼 손가락을 넣어 토가 나오지 않으면 칫솔, 티스푼과 같이 목구멍 깊숙이 들어가는 기다란 도구를 쓰기도 한다. 손가락 끝에는 감각이 있어 목에 가해지는 자극을 조절할 수 있지만 기다란 도구들은 목 내부를 손상시켜 토할 때 피가 함께 섞여 나오게 된다. 또한 손가락만 넣어도 역겹게 느껴지며 잘 쏟아져 나오던 토가 어느 순간 쉽게 나오지 않는 상태로 진행되기도 한다. 손가락이 이물질이라고 인식되어 구토가 유발된 것이지만 손가락으로 인한 자극이 점차 무뎌졌기 때문이다. 결국 인지적으로 이물질이라고 여겨지는 물질들을 입과 목구멍에 넣어야 하는 상황까지 이르게 된다. 수채 구멍의 머리카락이나 자신의 인분이 대표적이며, 역한 감각을 더하기 위해 변기 안을 핥고 다시 구토를 시도하기도 한다. 이런 부분 역시 약물중독자들이 점차 강한 약물을 원하는 것과 유사한 점이다. 콜럼비아(Columbia) 대학의 연구

는 약물중독과 폭토가 유사한 생물학적, 신경학적의 패턴이 있다는 것을 증명했다. 폭식, 폭토를 하는 사람들의 뇌 신경계의 패턴과 코카인과 알코올 중독인 사람들의 뇌 신경계 패턴에 유사한 도파민의 이상이 있다는 것을 발견했다. 이외에도 두뇌가 폭토를 갈망할 때 활성화 되는 패턴과 마약을 갈망할 때 활성화 되는 패턴이 유사하다는 연구결과는 다양하게 보고되고 있다.

이렇게 하면 살이 찌지 않겠지

섭식장애 증상들에 중독된 사람들은 그 행동이 자신에게 주는 긍정적 감각에 집중한다. 섭식장애 증상이 우울함이나 불안감, 걱정이나 스트레스 등의 부정적인 감정을 해결해 주고 있다는 잘못된 믿음을 가지게 하는 것이다. 또한 섭식장애 행동이 주는 안심감은 환자들이 섭식장애에 계속 머무르도록 만든다. 폭식을 하고 토하거나, 씹고 뱉거나, 굶는 행위, 약의 복용, 과도한 운동은 '이렇게 하면 살이 찌지 않겠지'라는 분명한 안심감을 느끼게 해준다. 그다지 효과를 느끼지 못하면서 비싼 화장품을 쓰는 사람들은 비싼 화장품을 쓰지 않을 때 느껴지는 불안감이 해소되는 것만으로 지속적인 구매를 하는 것과 유사한 원리이다. 토해서 이 정도 체중을 유지하는 건데 토라도 해야 불안하지 않은 것이다. 현상 유지, 혹은 더 나빠지지 않기 위한 행동중독은 지금 하는 행동이 자신을 위한 것이라는 착각에 빠지도록 만든다.

일부는 거식 행위를 먹지 않기 때문에 아무것도 하지 않는 상태라고 오해할 수도 있으나, 거식은 엄연하게 먹지 않는, 혹은 음식을 제한하는 적극적인 행동이다. 건강이 심각하게 훼손되고 있음을 인지하고 있음에도 불구하고 식사를 제한하는 것은 적극적 의사 행위가 없는 인격체가 행할 수 없는 행동 양식이다.

저항 할 수 없는 충동

행동에 중독된 사람들은 그 행동을 반복함으로써 안도감을 느끼지만 좌절감도 동시에 느끼게 된다. 자신의 충동에 따라 행동한 이후 순간적인 만족감을 얻지

만 결국 그 행동이 주는 부정적인 영향을 분명히 알고 있기 때문이다. 오랜 시간 게임을 끝낸 후, 유튜브 알고리즘에 빠져 시간을 허비한 후, 홈쇼핑 충동구매 이후의 잔고를 확인한 후 느끼는 감각과 유사하다. 구토를 한 후 토사물과 붉게 충혈 된 눈을 보면서 느끼는 불편한 감정은 분명 존재하지만 스스로 애써 모른 척 한다. 그렇게 해야만 자신이 다시 그 행동을 할 수 있는 힘을 얻게 되기 때문이다. 음식 제한을 통해 머리숱이 적어지는 것도, 피부가 푸석해지는 것도 분명 느끼고 있지만 이것은 중독적인 이상 섭식행동을 지속하기 위해서는 무시되어야 한다.

중독적 행동을 가지고 있는 사람들은 처음에는 그 행동을 기쁘게 받아들인다. 쾌감이 압도적으로 강하기 때문이다. 다이어트 기간 동안 먹지 못했던 음식들을 잔뜩 먹을 수 있다는 희열, 먹고 토해버리면 살이 찌지 않을 것 같은 안도감, 건강이 상하면 여리여리한 체형이 될 것이라는 기대감은 압도적인 쾌감으로 작용한다. 이 쾌감은 통제를 불가능하게 만들고 결국 그 행동을 강박적으로 반복하도록 한다. 점차 자신의 의지와는 무관한 불쾌한 압력에 스스로 제어하지 못하고 오히려 통제받고 있다는 경험을 하게 되는 것이다. 섭식장애 환자들이 음식에 휘둘리고 있다고 표현하는 것도 이 때문이다. 처음의 시작은 자신의 선택에 의한 것이었지만, 그 다음에는 저항할 수 없는 충동으로 빠지는 것이다.

특정 행동에 중독된 사람들에 대한 연구는 지속적으로 이루어지고 있다. 중독 행동을 보이는 사람들은 논리적 증거보다 사회적 이미지에 기초한 영향들에 쉽게 설득 당한다. 섭식장애를 통해 자신이 잃게 되는 실질적인 사항들보다 '날씬함'이라는 이미지에 더 비중을 두는 것이다. 행동중독을 보이는 사람들은 자아존중감이 낮고, 환상적이고 상징적인 것을 중요시 하는 성향이 강하다. 또한 행동중독이 없는 사람들에 비해 걱정을 더 많이 하고 충동을 만났을 때 스스로 잘 조절하지 못하는 모습을 보인다.

많이 먹거나 굶는 것도 자해일까

섭식장애 내담자의 미술치료 작품
'반복되는 하루, 중독된 폭토'

섭식장애는 자신의 신체를 의도적으로 훼손한다는 점에서 자해의 범주에 속한다. 죽을 목적이 없는 자해는 비자살적 자해라는 용어로 사용된다. 비자살적 자해의 대표적인 행동 양상 중 하나가 섭식장애의 증상들인데, 섭식장애 환자들은 음식을 굶거나, 배가 터질 듯 음식을 가득 욱여넣거나, 먹은 것을 억지로 게워내는 등 신체에 고통을 가하는 행위를 한다. 자해도구가 음식이기에 비교적 안전한 방식이다. 칼과 같이 날카로운 도구를 사용하지 않기에 더 적은 용기로도 자해 감각을 느낄 수 있으며, 자신의 피를 직접적으로 본다는 불쾌감도 피할 수 있다.

자신을 벌하기 위한 자해의 수단으로 음식을 선택하는 사람들도 있다. 자기비하감이 높은 사람들은 작은 실수를 하게 되더라도 자책하며 스스로에게 벌을 주듯이 당연히 고통을 겪어야 한다는 왜곡된 생각에 사로잡힌다.

'할 줄 아는 것도 없고 한심하다. 먹고 죽자.'

자신을 벌주기 위한 수단으로 자해를 선택하는 사람들은 아동기 때 학대적인 양육환경에 노출되었을 가능성이 높다. 부모를 포함한 주 양육자가 자신에게 반복적인 모욕을 주거나, 실수에 대해서 과도하게 비난하거나, 언어적·신체적 학대를 하였을 때 성장하는 과정에서의 자아상은 부정적으로 형성될 가능성이 매우 높다. 이것은 무가치함, 수치심, 자기혐오와 같은 감정을 습관적으로 느끼게 만들며 시간이 지나면서 자신의 행동이 못마땅하거나 자신이 실수했다고 여길 때 극단적인 자기 처벌 및 자기 학대의 형태로 자해를 선택한다.

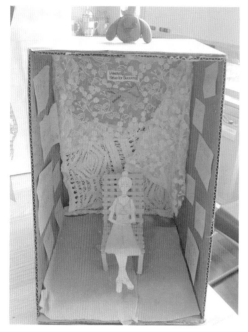

섭식장애 내담자의 미술치료 작품 '나는 파란개예요'

마음연구소에 방문했던 한 여성 내담자는 자신을 나타내는 상징물을 만드는 작업에서 파란 개(blue dog)를 만들어 냈다. 이 내담자는 자신의 아버지가 어린 시절 자신에게 가했던 폭력적 장면들에 대해 묘사하면서 자신은 아버지의 앞에서 개처럼 굴어야 했고 늘 우울했다(blue)고 설명했다. 그녀가 작은 실수를 해도 아버지는 폭력을 행사하였는데, 기숙사가 있는 고등학교로 진학하며 아버지와 떨어져 지내자 팔을 칼로 긋는 자해가 시작됐다. 자신은 잘못하면 맞는 것이 당연한 아이였기 때문에 아버지의 학대가 멈춰버리자 스스로를 벌하기 시작한 것이다. 공부를 잘 못하거나, 친구관계에서 실수를 하거나 계획된 것이 틀어지면 칼로 팔을 그었다. 오른손잡이인 그녀의 왼팔은 어깨부터 손목까지 수십 개의 흉터들이 가득했다. 흉터가 남는 팔을 보며 후회감이 든 그녀는 칼로 더 이상 팔을

긋지 않겠다고 결심을 하였는데 그 순간부터 그녀는 밥을 굶기 시작했다. 칼로 긋지 않는 것은 가능했지만 스스로 벌주는 것을 멈추지는 못했던 것이다. 그녀는 피가 나고 흉이 지는 것보다 굶는 것이 훨씬 깨끗한 벌주기 방식이라고 생각했다. 그러나 밥을 굶으니 기력이 떨어지고 활동하는 것이 어려워졌다. 그래서 밥 굶기를 멈추었더니 다시 칼로 팔을 긋는 자해 행동이 시작되었다. 칼을 이용하는 자해나 거식 둘 중 하나는 반드시 자신에게 있어야만 한다는 왜곡된 사고를 가지고 있었다.

우울이나 불안, 분노와 같은 부정적인 정서들을 완화시키는 목적으로 자해를 선택하는 사람들도 있다. 자신의 정서를 직면하는 것이 어렵다면 비자살적 자해 행동을 통해 강렬하고 혐오적인 정서를 다른 곳으로 돌리는 시도를 하는 것이다. 폭식을 해 버리거나 토를 하는 것은 자극적인 신체 경험을 하게 만든다. 이로 인해 크게 특별한 활동을 하지 않아도, 장소를 옮기지 않아도 장면이 순식간에 바뀌는 기분전환을 경험한다. 폭토를 통해 순간적으로 정서가 환기된 경험을 하면 감당하기 어려운 감정을 만날 때 마다 폭식과 구토를 자동적으로 선택하게 되는 것이다.

섭식장애 내담자의 미술치료 작품 '나의 감정들'

중요한 대상으로부터 갑자기 멀어졌다는 감각도 자해를 유발한다. 사회적 고립감을 느끼거나 연인으로부터 버림받을지 모른다는 극도의 두려움이 느껴질 때 먹고 토하는 행동을 하는 사람들이 있다. 성장 과정에서 부모로부터 학대를 당했거나, 비일관적인 양육태도를 느꼈던 사람들의 경우 자신이 어떤 행동에 부모가 화를 내는 지, 기뻐하는지에 대한 감정적 예측이 어렵다. 부모는 언제든 자신에게 화를 낼 수 있는 사람이기에 자신은 언제라도 버려질지 모른다는 유기불안을 느끼게 된다. 일부 섭식장애 환자들은 자신의 신체에 고통을 주는 행위는 심리적 고립감을 효과적으로 끊어낼 수 있는 수단이라고 설명하고 있다. 가장 친했던 친구가 다른 사람과 더 친하게 지낸다고 생각될 때, 다들 저녁에는 약속이 있는데 자신만 혼자 집에 있다고 생각될 때, 연인과 연락이 잘 되지 않았을 때, 배우자에게 함께 식사를 하자고 했지만 거절당했을 때 등, 내담자들이 이야기하는 고립감을 느끼게 하는 상황은 다양하다. 다수의 내담자들이 이 때 폭식과 폭토를 선택하며, 일부 내담자들은 씹뱉을 통해 지루하고 외로운 시간을 채운다.

자해를 통해 주변인들을 조절하려는 환자들도 있다. 자녀의 섭식장애는 부모에게 위협이 되며, 연인이나 배우자의 섭식장애는 자기주장을 굽히고 상대에게 맞춰 주도록 만들 수 있을 만큼 강력한 힘을 가진다. 부모는 아이가 굶는 행동을 멈출 수만 있다면, 밥을 한 숟가락이라도 뜬다면 원하는 것은 무엇이든 들어주려 할 것이다. 아이의 기분이 나빠져 다시 밥을 먹지 않겠다는 협박은 그 무엇보다 무섭다. 아내가 남편과 말싸움이 벌어져 스트레스를 받을 때마다 화장실로 달려가 구토를 하게 되면 남편은 아내에게 하고 싶은 말을 모두 하지 못하게 된다. 또한 구토를 하고 화장실에서 나온 아내에게 더 이상 쏘아붙이는 것도 어렵다. 자살과 자해의 목적은 엄연히 다르지만 다른 사람을 조절하려 한다는 점에서는 공통적 목적을 가진다. 일부 자살자들은 누군가에 대한 복수심이나 분노를 표현하기 위한 수단으로 죽음을 선택한다. 청소년기 섭식장애 내담자의 경우 부모에 대한 복수심을 밥을 굶는 행위로 표현하는 경우도 있는데, 상대에게 죄

책감을 심어주기 위한 수단으로서의 자살과 자해는 순간적인 효과는 누릴 수는 있으나 최종적인 효과는 미비할 뿐이다.

당장 수행하기 버거운 책임이나 의무를 회피하기 위한 자해 수단으로 섭식장애를 선택하기도 한다. 불투명한 미래에 대해 고민하고, 취업에 대한 걱정을 하는 대신에 섭식장애를 선택하여 먹고 토하고, 씹뱉을 하고, 굶게 되면, 미래 걱정이 아닌 섭식장애 걱정을 하게 될 수 있는 것이다. 공부를 하지 못하고, 취업을 하지 못하고, 연애를 하지 못하고, 결혼을 하지 못하는 합당한 이유를 스스로 만들어 내야 하는 것이고 이를 위해서는 스스로가 아파야만 하는 것이다.

섭식장애를 자해로 사용하는 것은 도구를 활용한 자해보다 치명성이 상대적으로 떨어진다는 점에서 위험군으로 보지 않는 시각도 있다. 그러나 섭식장애가 사망률이 높은 병이라는 사실은 분명히 알고 있어야 한다. 입원 수준의 거식증 환자의 10%는 결국 굶어 죽지만 그 외의 섭식장애 환자의 자살 사망률 역시 무시할 수 없다. 자신의 신체를 훼손하는 행동이 만성화된 사람들은 그렇지 않은 사람에 비해 더 치명적인 신체적 훼손을 시도할 확률이 높다. 섭식장애와 동반되는 우울증은 자살사고를 강화하고 결국 죽음의 목적이 없이 시작된 자해가 죽음에 이르는 자살시도까지 이어지기도 한다. 섭식장애를 자해의 수단으로 선택하는 사람들은 감정과 상황에 대한 해결을 위한 수단으로 섭식장애를 선택하지만 이는 결코 해결책으로서 작용하지 않으며 실질적으로 남게 되는 것은 자신의 손상된 신체와 망가진 마음뿐이다. Ⓜ

*본 칼럼은 김소울 외 저 〈한국형 섭식장애를 말하다〉에서 일부 발췌, 수정되었습니다.

워크북 Workbook

예술치료를 가장 가까이 만날 수 있는 네 가지 방법.

어른이를 위한 신비한 상담소, 마인드웨이

글쓰기치료, 독서치료를 기반으로 한 심리상담 워크북. 동화가 안내하는 이야기를 따라가다 보면 자연스레 총 3주 동안 자신과의 대화에 참여하게 된다. 상담심리학을 배경으로 구성한 친절한 질문들을 통해 편안하게 스스로와 대화할 수 있다. '어른이를 위한 신비한 상담소'는 총 3가지 시리즈로 기획됐다. 현재 첫 시리즈인 '나다움' 편과 두 번째 시리즈 '인간관계' 편이 나와 있다.

독서가 마음의 병을 치유한다, 김정근, 김경숙, 김은엽 외 지음, 한울아카데미

독서의 방식을 '지식형 독서'와 '체험형 독서'로 구분하고 '체험형 독서'를 통한 치료적 효과를 다룬다. 독서를 통해 치유를 경험한 다양한 이야기를 접할 수 있다. 또한 마음과 관련한 필독서들의 요약 정보를 통해 맞춤형 독서의 길잡이가 되어 준다.

힐링 드로잉 노트 만다라, 김충원 지음, 진선아트북

인도 불교미술의 특정 양식을 지칭하는 만다라는 칼 융의 분석심리학을 통해 많은 사람들에게 소개된 미술치료 방식이다. 실제로 융은 한때 매일 만다라를 그릴 정도로 치유효과를 경험했다고 한다. 융에게 만다라는 원형의 이미지이면서 내면과 자신의 의식을 통합하는 조화와 치유의 의식이다. 힐링 드로잉 노트의 시리즈 중 하나인 '만다라' 편은 컬러링을 통해 다양한 만다라를 경험할 수 있게 해준다.

그림으로 그리는 마음 일기장, 김소울 저, 학지사

미술치료를 체험해보고 싶다면 가장 먼저 만나야 할 책이다. 오랜 시간 미술치료사로 활동한 저자의 전문성과 노하우가 책 속에 그대로 담겼다. 직접 그리고 색칠할 수 있는 33개의 미술치료 프로그램이 담겨 있는 '마음 일기장'은 각 챕터마다 상세한 설명과 질문이 첨부돼 있어 실제 상담을 받는 느낌을 준다 Ⓜ

MELANCHOLIA

멜랑콜리아는 마음이 건강한 삶을 추구하는 심리테라피 매거진입니다. 아파보지 않은 마음은 세상에 없습니다. 우리 주변에 있는 마음에 대한 이야기들을 소개하고 혼자가 아니라는 위로를 전하고자 합니다. 인터뷰 및 기고의 형태로 언제든지 직접적인 참여가 가능하며 이를 통한 소통으로 아픔을 나눌 수 있는 세상이 되기를 희망합니다.

*매거진의 내용은 전문적 의견이 아닙니다. 증상에 대한 정확한 정보가 필요하신 분들은 정신과 전문의와의 상담을 권합니다.

만든 사람들
Publisher, Editor, Photographer 전인수
Editor, Designer 최보람
Guest Editor 이혜인

인터뷰, 기고 및 광고 문의
melancholia_zine@naver.com
010-3123-4087

등록번호
762-24-00730

등록일자
2018.10.30

ISSN
2671-9053

ISBN
979-11-969659-1-4

발행일
2020. 12. 21.

후원계좌
1005-503-777715, 우리은행, MELANCHOLIA